DIREITO DE SUPERFÍCIE

ÉLCIO NACUR REZENDE
Doutor em Direito
Procurador da Fazenda Nacional

DIREITO DE SUPERFÍCIE

Belo Horizonte
2010

Copyright © 2010 Editora Del Rey Ltda.

Nenhuma parte deste livro poderá ser reproduzida, sejam quais forem os meios empregados, sem a permissão, por escrito, da Editora.

Impresso no Brasil | Printed in Brazil

EDITORA DEL REY LTDA.
www.delreyonline.com.br

Editor: Arnaldo Oliveira

Editor Adjunto: Ricardo A. Malheiros Fiuza

Editora Assistente: Waneska Diniz

Coordenação Editorial: Letícia Neves

Editoração: Reginaldo César Pedrosa

Revisão: Responsabilidade do autor

Capa: CYB Comunicação

Editora / MG
Av. Contorno, 4355 – Funcionários
Belo Horizonte-MG – CEP 30110-027
Telefax: (31) 3284-5845
editora@delreyonline.com.br

Editora / SP
Rua Humaitá, 569 – Bela Vista
São Paulo-SP – CEP 01321-010
Telefax: (11) 3101-9775
editorasp@delreyonline.com.br

Conselho Editorial:
Alice de Souza Birchal
Antônio Augusto Cançado Trindade
Antonio Augusto Junho Anastasia
Aroldo Plínio Gonçalves
Carlos Alberto Penna R. de Carvalho
Celso de Magalhães Pinto
Dalmar Pimenta
Edelberto Augusto Gomes Lima
Edésio Fernandes
Eugênio Pacelli de Oliveira
Fernando Gonzaga Jayme
Hermes Vilchez Guerrero
José Adércio Leite Sampaio
José Edgard Penna Amorim Pereira
Misabel Abreu Machado Derzi
Plínio Salgado
Rénan Kfuri Lopes
Rodrigo da Cunha Pereira
Sérgio Lellis Santiago

R467
      Rezende, Élcio Nacur.
          Direito de superfície / Élcio Nacur Rezende. – Belo Horizonte: Del Rey, 2010.
      216p.

      ISBN 978-85-384-0085-1
      1. Direito de superfície. I. Título.

CDD: 342.1233
CDU: 347.23

Bibliotecária responsável: Maria Aparecida Costa Duarte
CRB/6-1047

Élcio Diniz Rezende e Jamily Nacur Rezende, confundo-me ao elegê-los professores, doutrinadores, adestradores, mestres, reverências, referências, protetores, entre outros tratamentos. Contudo, jamais, sequer por um segundo em toda a minha existência, tive qualquer dúvida que, insofismavelmente, foram e sempre serão meus melhores amigos. Agradeço, assim, pela formação do meu caráter, pelos carinhos e pelas severas lições, pelo investimento de tempo e dinheiro, enfim, por terem renunciado a vida de vocês em prol da minha formação. Se um dia tornar-me PAI, rogo a Deus que ilumine o meu caminho conduzindo-me, rigorosamente, na mesma trilha daqueles a quem sou eternamente grato, MEUS PAIS.

A minha querida Flávia Filomena Nacur Rezende, agradeço pela sublimação das minhas intempestividades, pelas lições de humanidade e, sobretudo, pelo exemplo de irmã.

Anna Carolina Maia Sayão, "como um anjo, você apareceu na minha vida" transformando-se na mulher da minha vida.

A Nelson Antônio Sayão e Maria Aparecida Martins Maia Sayão, por terem me recebido como um filho.

A DEUS, sempre.

SUMÁRIO

PREFÁCIO xi
INTRODUÇÃO 1
DO DIREITO DE SUPERFÍCIE 5
1. Origem Histórica 5
2. Posição do Instituto no Direito Estrangeiro 9
3. Posição do Instituto no Direito Brasileiro 30
4. Natureza Jurídica 37
5. A Constituição 46
6. O Conteúdo Econômico 49
7. O Direito de Superfície no Estatuto da Cidade 53
   7.1 A harmonização entre o Código Civil e o Estatuto da Cidade 59
8. O Direito de Superfície por cisão 64
9. A proteção da posse e da propriedade exercida pelo superficiário 67
10. A utilização do subsolo e do espaço aéreo na propriedade superficiária 73
11. A Possibilidade de se Instituir Direitos Reais de Fruição e Garantia sobre a Propriedade Superficiária 76
12. O Direito de Sobreelevação 79
13. O Aspecto Temporal 82

14. A Retribuição Monetária pela Concessão do Direito de Superfície 87
15. Aspectos Tributários e outros Encargos 90
16. A Transmissibilidade do Direito de Superfície 96
16.1 A Impossibilidade da Cobrança do Laudêmio ... 99
17. O Direito de Preferência Recíproco 101
18. Responsabilidade Civil por Eventos Decorrentes da Propriedade Superficiária 109
19. Direitos e Deveres do Proprietário e do Superficiário. 113
20. A Extinção 116
   20.1 Pelo Decurso do Tempo 117
   20.2 Pelo Exercício do Direito Potestativo 118
   20.3 Por Abandono e Perecimento 119
   20.4 Por Comportamento Irregular do Superficiário 120
   20.5 Por Desapropriação 124
   20.6 Por Renúncia do Superficiário 125
   20.7 Por Confusão 125
   20.8 Pelo Falecimento do Superficiário sem Herdeiros. 126
   20.9 Por Resilição Bilateral 126
   20.10 Por Prescrição 127
   20.11 Por Decisão Judicial 129
   20.12 Outras Causas Previstas no Ato Instituidor 129
   20.13 Aspectos Processuais no Caso da Recusa da Devolução do Imóvel 130
   20.14 Da Necessidade de Averbação na Matrícula Imobiliária da Extinção da Superfície 131
21. O Direito de Superfície e outros Institutos Jurídicos ... 132
   21.1 O Direito de Superfície e o Arrendamento 132
   21.2 O Direito de Superfície e o Usufruto 133
   21.3 O Direito de Superfície e a Servidão 134
   21.4 O Direito de Superfície e a Concessão de Direito Real de Uso 134

21.5 O Direito de Superfície e a Enfiteuse.................. 135
21.6 O Direito de Superfície, a Outorga Onerosa do Direito de Construir e o Solo Criado................. 138
21.7 O Direito de Superfície e a Transferência do Direito de Construir.................. 140
21.8 O Direito de Superfície e a Locação................. 141

ESTUDO DE CASOS.................. 143

CONCLUSÃO.................. 191

REFERÊNCIAS BIBLIOGRÁFICAS.................. 195

REFERÊNCIAS DE DECISÕES JUDICIAIS.................. 199

MODELO DE ESCRITURA PÚBLICA.................. 201

PREFÁCIO

O Professor Doutor Élcio Nacur Rezende muito nos honrou com o convite para prefaciar sua mais nova obra "O Direito de Superfície" e para nós é uma grande alegria participar deste momento especial no qual o colega apresenta à comunidade jurídica o objeto de suas pesquisas de doutoramento.

Desde a graduação na Faculdade de Direito da UFMG vem a nossa admiração pela absoluta retidão de conduta, pela dedicação acadêmica, e, obviamente, pela notória competência do grande amigo Élcio, qualidades estas que são o substrato de sua exitosa carreira profissional.

O autor foi Defensor Público no Estado de Minas Gerais por 05 anos, é Procurador da Fazenda Nacional desde 2003 e tem intensa atividade docente, tanto no magistério superior como em cursos preparatórios para concursos públicos.

É Mestre e Doutor em Direito Privado pela Pontifícia Universidade Católica de Minas Gerais, já sendo destaque na literatura técnica do Direito Civil por obras como *Condomínio em edifícios*, pela Editora Del Rey e por vários artigos jurídicos.

Assim que lemos os livros de Élcio Nacur Rezende restam claras algumas de suas características: precisão técnica admirável, alta indagação teórica somada a evidente conhecimento prático e rara capacidade de percepção de problemas e propostas de soluções.

As qualidades apontadas foram fundamentais nesta obra, vez que é inglória a tarefa de elaborar uma verdadeira tese, com proposições novas, e não há dúvidas de que o autor conseguiu isso.

Neste livro, o Direito Real de Superfície é tratado de forma ampla, a começar por sua origem histórica, passando pela natureza jurídica, constituição e extinção, e toda a análise é permeada por uma constante abordagem crítica de seu tratamento no Código Civil e no Estatuto da Cidade (Lei nº 10.257, de 10 de julho de 2001).

A obra apresenta também ao leitor uma acurada pesquisa do tema no ordenamento jurídico estrangeiro, sendo marcante a preocupação do autor, inclusive ao examinar a jurisprudência brasileira e alienígena sobre a matéria, em ressaltar o papel funcional do Direito de Superfície sob a ótica civil-constitucional.

Por óbvio, não poderia nos passar despercebido o zelo do autor em diferenciar criteriosamente o Direito de Superfície de outros institutos do Direito Civil e do Direito Administrativo, e, para tanto, ele não se furta a apresentar questionamentos e sugerir soluções.

A obra consolida-se numa segura fonte de pesquisa das relações até então pouco exploradas entre o proprietário (concedente) e o superficiário, não nos deixando dúvida de que servirá de referência para a doutrina e para a jurisprudência, não só por seu ineditismo, mas, sobretudo, por seu primor técnico que bem reflete o autor.

Caro Élcio, parabéns por mais esta realização e esperamos que o nobre leitor tenha o prazer de uma boa leitura associado ao desejado conhecimento técnico decorrente da mesma.

Leonardo Bruno Marinho Vidigal
Mestre em Direito Civil pela Faculdade de Direito da UFMG
Professor da Escola Superior Dom Helder
Câmara e do Centro Universitário UNA
Procurador do Estado de Minas Gerais

Romeu Thomé
Mestre em Direito pela Faculdade de Direito da UFMG
Professor da Escola Superior Dom Helder Câmara
Advogado

Introdução

O Direito Real de Superfície é o instituto jurídico que afrontando o princípio romano do "superfícies solo cedit" possibilita que se construa ou plante em solo alheio, sem contudo, acarretar que o dono do terreno seja considerado proprietário das acessões.

Instituído no Estatuto da Cidade (Lei 10.257/01) e no Código Civil Brasileiro de 2002 (Lei 10.406/02), o Direito de Superfície não era contemplado no ordenamento jurídico pátrio. Todavia, em ordenamentos estrangeiros já o era positivado há muitos anos, bem como, amplamente utilizado em transações imobiliárias, sobretudo nas cidades européias.

Com indiscutível função política, econômica e social, o Direito de Superfície permite que uma pessoa (concedente) permita que outra (superficiário) construa ou plante em solo de sua propriedade, explorando as acessões realizadas como contrapartida ao investimento realizado. Assim, por ocasião da extinção, o concedente que outrora era proprietário de um imóvel não edificado o recebe com as benfeitorias realizadas pelo superficiário.

Conclui-se, facilmente, com a breve exposição do parágrafo anterior que o Direito de Superfície quando celebrado paritariamente, proporcionará às partes envolvidas alcançar objetivos de caráter econômico inerentes ao sistema capitalista.

Não obstante, muito além do interesse meramente privado, o Direito de Superfície é, inexoravelmente, um instrumento jurídico que proporciona o alcance da almejada função social da propriedade sem gerar conflito social, ante a autonomia privada e liberdade de contratar, isto é, sem a necessidade da intervenção do Estado na propriedade privada.

Contudo, o instituto também possui uma feição publicística, na medida em que a Administração Pública, mormente os municípios, podem utilizar-se do Direito de Superfície como instrumento de política urbana, incentivando ou coagindo os particulares a darem função social aos imóveis urbanos como instrumento de pacificação social e organização das cidades.

Teoricamente, o próprio Código Civil de 2002 fixou um marco, qual seja, o disposto no artigo 1377, que em tese, determinou que as normas previstas na lei civil regulam o Direito de Superfície mesmo quando instituído por pessoa jurídica de direito público interno, no que não for diversamente disciplinado por lei com característica publicística. Nesse mesmo sentido leciona Ricardo César Pereira Lira:

> Não serão derrogadas ou ab-rogadas as normas relativas ao direito de superfície constantes do Estatuto da Cidade com a vigência das normas inseridas no referido Código referentes ao mesmo direito, as quais entrarão em vigor em 11 de janeiro de 2003, pois se cuida de institutos com vocações diversas, destinados a regular situações jurídicas diferenciadas.[1]

Tal afirmação do doutrinador propiciou o Enunciado 93 do Conselho da Justiça Federal, nesses termos:

> As normas previstas no Código Civil sobre direito de superfície não revogam as relativas a direito de superfície constantes do Estatuto da Cidade (Lei n. 10.257/2001) por ser instrumento de política de desenvolvimento urbano.

A constatação da existência, no Brasil, de duas normas regulamentando um mesmo instituto jurídico, uma de nature-

---

[1] LIRA, Ricardo César Pereira. *Revista do Conselho da Justiça Federal*. Colhido do site http://www.cjf.jus.br/revista/outras_publicacoes/jornada_direito_civil/15_direito_das_coisas.pdf em 28/04/2009.

za de Direito Público (eminentemente urbanístico) e outra de Direito Privado, nos faz refletir sobre alguns problemas, quais sejam: faz-se necessária a existência de duas normas? Elas são compatíveis entre si? Ocorreu revogação de uma pela outra em razão de antinomia? O escopo de uma norma é o mesmo da outra? Os sujeitos (superficiário e concedente) em ambas as normas podem ser pessoas naturais e pessoas jurídicas de direito privado e público? A principiologia de ambas as normas é a mesma? Pode ocorrer em um mesmo caso concreto uma mitigação de dispositivos de ambas as leis, possibilitando um diálogo de fontes?

Outrossim, outras questões suscitam dúvidas no estudo do Direito de Superfície, como: Historicamente o instituto teve seus fundamentos modificados? Ocorreram mutações no direito positivo brasileiro e estrangeiro? Atualmente, o Direito estrangeiro dá a mesma abordagem que o brasileiro? Existe multiplicidade doutrinária no que concerne à natureza jurídica do instituto? Além do que foi positivado, o Direito de Superfície pode ser constituído por outros negócios ou fatos jurídicos? A Superfície por cisão e por Sobreelevação são admitidas no Brasil? O Superficiário detém a mesma proteção possessória e petitória do proprietário? Pode incidir sobre a Superfície outros Direitos Reais sobre coisa alheia de fruição ou em garantia? Quais as consequências tributárias no instituto? No que concerne à Responsabilidade Civil, quais as repercussões para o Superficiário e para o Concedente? As formas de extinção são taxativamente previstas em lei? Quais os pontos de convergência e quais as diferenças do Direito de Superfície com outros institutos? Como o Poder Judiciário vem tratando o instituto?

Desta forma, apresentarei o Direito Real de Superfície, tanto como instituto de Direito Privado como de Direito Público, abordando abstratamente as suas nuances e apresentando aspectos práticos (jurisprudenciais) sobre o tema, almejando solucionar os problemas expostos nos parágrafos anteriores através da demonstração de que a hipótese apresentada (justificativa de coexistência e harmonia das duas normas) se justifica.

Do Direito de Superfície

I. Origem Histórica

Assim como grande parte dos institutos jurídicos do Direito Civil brasileiro, o Direito de Superfície teve sua origem no direito romano-helênico ou *justianeu*, como explica Adriano Stanley:

> Quanto à origem do Direito Real de Superfície (tal qual a enfiteuse), suspeita-se que ela tenha chegado ao Império Romano pela conquista das províncias helênicas, quando da tomada da Grécia pelos romanos.[1]

Como corolário do Princípio[2] do Absolutismo, em Roma aquele que era dono do solo, detinha, em presunção *iure et iuris* (presunção absoluta), a propriedade de tudo que se incorporara ao solo, como as construções e plantações. Afinal, defendia-se que a utilização da terra por seu proprietário era "*usque ad sidera et usque ad inferos*" ou seja, do céu ao inferno.[3]

---

[1] SOUZA, Adriano Stanley Rocha. *Direito das Coisas*. Coleção Direito Civil. Belo Horizonte: Del Rey, 2009. P. 159.

[2] Vale aqui registrar a lição de Robert Alexy *in* Teoria dos Direitos Fundamentais que ensina que os Princípios ordenam (ou irradiam) a construção do direito positivo.

[3] Recomenda-se a leitura da consagrada obra "A Cidade Antiga" onde Fustel de Coulanges faz uma explanação da propriedade com uma abordagem histórico-religiosa.

Assim, tudo que se acrescia ao solo passaria a ser de propriedade do dono da terra nua, em homenagem à máxima "superficies solo cedit" ou como prefere Caio Mário da Silva Pereira[4] citando Gaius "*omne quod solo inaedificatur, vel implantatur, solo cedit*". Este princípio dificultava muito (ou até impedia) que se erigisse em solo alheio sob pena de, eventualmente, aquele que despendesse com construção em terreno de outrem sofresse com a perda da acessão artificial.

Destarte, quando ocorria na Roma Clássica a construção em solo alheio mediante ajuste entre o construtor e o proprietário do terreno, constituía-se um direito real (ou obrigacional) sobre coisa alheia, tendo o construtor um direito sobre as construções e o dono do solo a propriedade até que o termo ou condição final se efetivasse, quando então, em caráter definitivo, o proprietário do solo passava a deter o imóvel por completo.[5]

Diana Coelho Barbosa[6] disserta sobre a origem do Direito de Superfície:

> Alguns autores alemães, dentre os quais DANS, DITTMAR e PUCHTA, mencionados por BULFONI, entendem, a partir de uma interpretação de um fragmento de Giustino, que a *Lex Icilia* de Aventino, publicada no ano 298 de Roma, teria concedido aos plebeus a faculdade de edificar suas próprias habitações sobre a coluna de Aventino, a título de superfície. Para o jurista italiano, porém, este fato atesta tão-somente a existência, já naquela época, de um condomínio "pro indiviso". Faziam referência, também, à edificação sobre *agri publici*, um fragmento de Dionísio (X, 32) e a *Lex Thoria Agraria*, de 643. Aquele primeiro, porém, não continha menção ao direi-

---

[4] PEREIRA, Caio Mário da Silva. *Instituições de Direito Civil*. 18ª Ed. Rio de Janeiro: Forense, 2004. p. 243.
[5] Em trabalho específico publicado em Portugal, Guilherme Braga da Cruz dissertou sobre a origem histórica do Direito de Superfície in "O direito de superfície no direito romano".
[6] BARBOSA, Diana Coelho. *Direito de Superfície à luz do Estatuto da Cidade*. Curitiba: Juruá, 2001. p. 21.

to de superfície; quanto a esta última, embora concedesse ao beneficiário a faculdade de construir sobre o *ager occapatorius*, mediante o pagamento de um *solarium* ao Estado, tal direito não podia, contudo, ser entendido como de superfície, pois tinha como objeto apenas o terreno, excluída a construção. Por fim, mencionam-se, ainda, com referência à concessão de *ager publicus*, três fragmentos de Tito Livio e outros de Appiano. No capítulo 51 do Livro XL dos Annali daquele primeiro autor, falasse em locação de tabernas de propriedade do Estado, embora não haja qualquer alusão ao direito de superfície. Appiano, a seu turno, faz referência a uma obrigação imposta *por lei de Caio Gracco, a qual previa a evacuação do ager publicus*, concedendo, no entanto, aos ocupantes do terreno, o valor correspondente às construções ou plantações nele erguidas.

Corrobora Arnaldo Rizzardo[7]:

> Mais tarde, porém, no curso do Século II depois de Cristo, já se admitia aos particulares o uso do solo alheio, construindo moradias na superfície, ou estendendo plantações. Mereceu essa forma de utilização a proteção do pretor, que concedia ao superficiário, quando ofendido em sua posse, um interdito de afastamento da perturbação. Bem mais tarde ainda, no período pós-clássico, tornou-se um preceito o direito de superfície.

Observa-se que a urbanização foi a mola propulsora do narrado nos parágrafos anteriores, pois, com a concentração da população em grandes centros se fez necessário encontrar medidas que propiciassem uma melhor utilização dos espaços subaproveitados.

Conclui-se que em verdade, o Direito Público foi o precursor do Direito de Superfície como entendido contemporaneamente, na medida em que a Administração Pública permitia que particulares construíssem em suas terras mediante retribuição (*vectigali*[8]), como meio de fomentar a urbanização, a

---

[7] RIZZARDO, Arnaldo. *Direito das Coisas*. 2ª Ed. Rio de Janeiro: Forense, 2006. p. 861.
[8] Espécie de valor pago por particulares ao Estado, de forma perpétua ou por longo prazo, como retribuição pela posse de terras públicas.

geração de riquezas ou simplesmente como forma de garantir a ocupação das terras conquistadas, como explica Caramuru[9] ao dissertar sobre a origem do Direito de Superfície:

> concessões de terreno que o governo fazia aos cidadãos romanos, após as grandes conquistas, com nítido objetivo de promover o cultivo e a exploração econômica das terras conquistadas.

Assim como em terrenos rurais, nas áreas urbanas como já dito, a Administração Pública fomentava a construção em terrenos baldios, como explica Venosa[10]:

> Sob as vestes mais modernas, este instituto pode ter decorrido da necessidade prática de se permitir a construção em solo alheio, principalmente sobre bens públicos. Os pretores permitiam que comerciantes instalassem tabernas sobre as ruas, permanecendo o solo em poder do Estado. Esse direito fica mais claro quando os pretores passam a conceder ação de proteção a essas situações, primeiramente o *interdictum de superficiebus* e, posteriormente, a *actio superfície*.

Este fato histórico muito lembra as atuais "guerras fiscais" entre os Estados, onde comumente se transfere a grandes indústrias a posse e até eventualmente a propriedade de solo, para que os particulares explorem sua atividade empresarial, propiciando à Administração Pública uma maior arrecadação tributária, multiplicação de empregos, geração de riqueza, entre outros aspectos, por determinado tempo.

Na idade média também há notícias da propriedade superficiária, motivada pelo entendimento germânico que dava ao trabalho (construtor) um valor significativamente superior ao do simples proprietário do solo. Ademais, no Direito Canônico que tinha por objetivo propiciar a Igreja uma grande

---

[9] FRANCISCO, Caramuru Afonso. *Estatuto da Cidade Comentado*. São Paulo: Juarez de Oliveira, 2001. p. 174.
[10] VENOSA, Silvio de Salvo. *Direito Civil*. 07ª Ed. São Paulo: Atlas, 2007. p.404

proteção em detrimento daqueles que construíram em suas terras, também observava-se o instituto ora estudado.

Justamente em virtude da não consagração do princípio do "superfícies solo cedit" pelos povos bárbaros, deu-se origem a diversos direitos reais sobre coisa alheia, dentre os quais a enfiteuse e a superfície, propiciando ao não proprietário do solo exercer sobre a acessão direitos decorrentes de seu trabalho de construção e/ou plantação.

Apesar do narrado no parágrafo anterior, a Revolução Francesa no afã de proteger a liberdade do homem, deu fim à superfície sob o fundamento de que eram exagerados os valores cobrados pelo Estado dos superficiários, obrigando-os a se fixarem na terra.

Não obstante as origens do Direito de Superfície já narradas, é constatável que a crescente urbanização, ou seja, a concentração da população nas cidades é uma tendência atual, o que só vem a incentivar a utilização do instituto em estudo na busca de uma melhor utilização dos espaços urbanos com o escopo de conciliar o interesse dos proprietários de terrenos, o direito social à moradia e geração de riquezas.[11]

2. Posição do Instituto no Direito Estrangeiro

O Direito Alemão, através de seu Código Civil que entrou em vigor em 1900 (BGB – *Bürgerliches Gesetzbuch*) foi uma das

---

[11] "Lembra Koffi Annam que no ano 2025 dois terços da população mundial, cerca de 5 bilhões de pessoas, viverão nas cidades, proporção essa que hoje é de 50%. Essa concentração humana, segundo o Secretário-Geral, constitui um desafio para o qual o Estado e as autoridades locais devem preparar-se, uma vez que os problemas que as cidades vivem agora, como o do tráfego incontrolado, poluição do ar e exclusão social, podem alcançar proporções dramáticas". Texto extraído do prefácio do livro Superfície Compulsória de Marise Pessoa Cavalcanti, mencionando a palestra de abertura do URBAN 21, conferência mundial sobre o futuro das cidades, proferida em 2000.

primeiras ordenações a positivarem o Direito de Superfície, assim traduzido por Pereira Lira[12]:

§ 1012: Um imóvel pode ser gravado, em favor de um terceiro, com o direito de ter uma construção sobre ou sob o solo, direito alienável e transmissível por sucessão (direito de superfície, Erbbaurecht);

§ 1013. O direito de superfície pode estender-se a uma parte do imóvel que não seja necessária à construção, mas ofereça utilidade ao uso dela;

§ 1014. O direito de superfície não pode ficar limitado a uma parte de uma construção, notadamente um pavimento;

§1015. O acordo de vontades do proprietário e do adquirente, exigido pelo § 873 para a constituição de um direito de superfície, se realiza pela declaração das duas partes presentes ao mesmo tempo à repartição imobiliária;

§ 1016. O direito de superfície não se extingue com o perecimento da construção;

§ 1017. O direito de superfície é regido pelas disposições relativas aos imóveis. São aplicáveis ao direito de superfície as disposições referentes à aquisição da propriedade e às ações fundadas na propriedade.

Comparando o BGB original acima traduzido e o Código Civil Brasileiro, constatamos:

a. No BGB era permitida a utilização do subsolo, o Código Civil não autoriza obra no subsolo (exceto se for inerente ao objeto da acessão);

b. A Lei Alemã veda, expressamente, a concessão de superfície parcial, isto é, proíbe que se constitua a superfície sobre apenas parte de uma construção (como um pavimento), o C.C. é omisso a esse respeito, sendo, portanto, necessário esforço hermenêutico para delimitar a extensão do objeto da superfície;

c. O sistema germânico não exige a confecção de escritura pública e posterior registro imobiliário em repartições distin-

---

[12] LIRA, Ricardo César Pereira. *O Moderno Direito de Superfície* (Ensaio de uma Teoria Geral). Separata do Vol. 35 da Revista de Direito da Procuradoria Geral do Estado do Rio de Janeiro, 1979. P.35.

tas como no Brasil (Cartório de Notas e Cartório de Registro de Imóveis, respectivamente), referindo-se, somente, à "repartição imobiliária";

d. Na Alemanha estipulava-se que o perecimento da construção não acarretava a extinção do Direito de Superfície, no Brasil a doutrina[13] tende a entender que, ao contrário, uma vez destruído o objeto o Direito se extingue;

O Direito de Superfície na Alemanha teve por objetivo propiciar ao ex-combatentes da primeira guerra mundial, já tão sofridos e humilhados, a aquisição da casa própria, sem, entretanto, o Estado perder a propriedade do solo.

Ao contrário do que supostamente se pensava em 1900 o instituto tomou importância maior, o que acarretou em 22 de janeiro de 1919 a revogação do texto original (acima traduzido), preservando as relações jurídicas constituídas até esta data e passando a regulamentar novamente o instituto. Wolff[14] menciona as seguintes características do Direito de Superfície na Alemanha:

> a) O direito de superfície é o direito de "ter uma edificação" sobre solo alheio. Tal direito refere-se à totalidade da edificação, não sendo possível restringi-lo apenas a uma parte dela, e não abrange as plantações.
>
> b) A expressão "ter uma edificação" abrange em si a construção, a posse desta e do solo onde está erigida, seu gozo e a faculdade de reconstruí-la, se perecer. A construção é considerada parte integrante do direito de superfície e propriedade do superficiário, seja a edificada em decorrência do direito de superfície, seja aquela já existente ao tempo da sua constituição. Cumpre ressaltar, ainda, que o direito de superfície não abrange, via de regra, as partes do terreno que não são necessárias à edificação.

---

[13] GONÇALVES, Carlos Roberto. *Direito Civil Brasileiro*. 03ª Ed. São Paulo: Saraiva, 2008. p.422.
[14] WOLFF, Martín. Tratado de Derecho Civil. *Derecho de Cosas*. Tomo III, Vol. 2°, 3ª ed., traducción española con anotaciones de Blas Pérez González y José Alguer, Barcelona: Casa Editorial Bosch, 1971. p. 2

c) Outra particularidade que merece ser ressaltada é a de que, no direito alemão, o direito de superfície é tratado como coisa imóvel, consoante a regra do § 1017, parte inicial, do B.G.B., reproduzida no § 11 do Regulamento de 1919. Segundo WOLFF, é um *fundus* jurídico, podendo, portanto ser gravado com todas as espécies de direitos reais, inclusive subsuperfícies (Untererbbaurechten).

d) Saliente-se, por fim, que o direito de superfície alemão é necessariamente alienável e transmissível por via sucessória, e não se submete a condições resolutórias, tanto que é nula a cláusula pela qual o superficiário se obriga, sob determinadas hipóteses (v.g., por morosidade no pagamento), a renunciar à superfície e consentir no seu cancelamento.

O Código Civil Italiano datado de 1942 regula o Direito de Superfície em seus arts. 952 a 956[15] [16].

---

[15] TITOLO III
DELLA SUPERFICIE
Art. 952 Costituzione del diritto di superficie
Il proprietario può costituire il diritto di fare e mantenere al di sopra del suolo una costruzione a favore di altri che ne acquista la proprietà (934, 1350, 2643).
Del pari può alienare la proprietà della costruzione già esistente, separatamente dalla proprietà del suolo.
Art. 953 Costituzione a tempo determinato
Se la costituzione del diritto e stata fatta per un tempo determinato, allo scadere del termine il diritto di superficie si estingue e il proprietario del suolo diventa proprietario della costruzione (2816).
Art. 954 Estinzione del diritto di superficie
L'estinzione del diritto di superficie per scadenza del termine importa l'estinzione dei diritti reali imposti dal superficiario. I diritti gravanti sul suolo si estendono sulla costruzione, salvo, per le ipoteche, il disposto del primo comma dell'art. 2816.
I contratti di locazione (1596), che hanno per oggetto la costruzione, non durano se non per l'anno in corso alla scadenza del termine (999).
Il perimento della costruzione non importa, salvo patto contrario, l'estinzione del diritto di superficie.
Il diritto di fare la costruzione sul suolo altrui si estingue per prescrizione per effetto del non uso protratto per venti anni (2934 e seguenti, 2816).
Art. 955 Costruzioni al disotto del suolo
Le disposizioni precedenti si applicano anche nel caso in cui e concesso il diritto di fare e mantenere costruzioni al disotto del suolo altrui (840).
Art. 956 Divieto di proprietà separata delle piantagioni
Non può essere costituita o trasferita la proprietà delle piantagioni (821) separatamente dalla proprietà del suolo.
[16] Tradução livre: TITULO III
DA SUPERFÍCIE

Cotejando o código brasileiro e o italiano, observa-se[17]:

a) Que é possível, no direito italiano, alienar-se a construção já existente separadamente da propriedade do solo (Superfície por cisão);

b) Na Itália o Direito de Superfície pode ser por prazo determinado ou indeterminado[18];

c) O crédito hipotecário é ressalvado na extinção da Superfície italiana;

d) O código italiano prevê a extinção por prescrição vintenal;

Art. 952- Constituição do Direito de Superfície
O proprietário pode construir e manter acima do solo uma obra para que outras pessoas a adquiram (934, 1350, 2643).
Da mesma forma pode alienar a propriedade da construção já existente separadamente da propriedade do solo.
Art. 953- Constituição por tempo determinado
Se a constituição do direito foi feita por prazo determinado, ao chegar o termo final a propriedade da superfície se extingue e o proprietário do solo passa a ser o proprietário da construção.
Art. 954- Extinção do Direito de Superfície
A extinção do Direito de Superfície em virtude do prazo importa da extinção do direito real do superficiário. O Direito sobre o solo se estende à construção, salvo, os créditos hipotecários como disposto no primeiro parágrafo do art. 2816.
Os contratos de locação (1596), que têm por objeto a construção, só têm duração do ano em curso ao vencimento do prazo (999).
O perecimento da construção não implica, salvo disposição em contrário, na extinção do direito de superfície.
O direito de construir sobre o solo alheio se extingue por meio da prescrição, em virtude da não prorrogação do efeito do uso por 20 anos (2934 e seguintes 2816).
Art. 955 – Construção no subsolo
As disposições precedentes se aplicam também à situação em que é concedido o direito de construir e manter construções no subsolo alheio.
Art. 956 – Proibição de propriedade separada das plantações
Não pode ser a propriedade das plantações (821) constituída ou transferida separadamente da propriedade do solo.

[17] Para maiores informações sobre o Direito de Superfície italiano, recomendo a leitura de Angelo Capalbo in "Tranformazione del diritto di superfície in diritto di proprietà".

[18] Muito embora Barca e Marvasi afirmem que a regra é a temporariedade (*in* La Superficie na página 204)

e) O subsolo na Itália pode ser objeto do Direito de Superfície;
f) Na Itália é vedada a separação das plantações da propriedade do solo.[19]

O Código Civil de Portugal de 1966[20], também se preocupou com o instituto. Ressalte-se que a doutrina portuguesa

---

[19] Lucci *in* Del diritto di superficie aponta algumas decisões judiciais dos Tribunais Italianos.

[20] TÍTULO V
DO DIREITO DE SUPERFÍCIE
CAPÍTULO I
Disposições gerais
ARTIGO 1524º
(Noção)
O direito de superfície consiste na faculdade de construir ou manter, perpétua ou temporariamente, uma obra em terreno alheio, ou de nele fazer ou manter plantações.
ARTIGO 1525º
(Objecto)
1. Tendo por objecto a construção de uma obra, o direito de superfície pode abranger uma parte do solo não necessária à sua implantação, desde que ela tenha utilidade para o uso da obra.
2. O direito de superfície pode ter por objecto a construção ou a manutenção de obra sob solo alheio.
(Redacção do Dec.-Lei 257/91, de 18-7)
ARTIGO 1526º
(Direito de construir sobre edifício alheio)
O direito de construir sobre edifício alheio está sujeito às disposições deste título e às limitações impostas à constituição da propriedade horizontal; levantado o edifício, são aplicáveis as regras da propriedade horizontal, passando o construtor a ser condómino das partes referidas no artigo 1421º.
ARTIGO 1527º
(Direito de superfície constituído pelo Estado ou por pessoas colectivas públicas)
O direito de superfície constituído pelo Estado ou por pessoas colectivas públicas em terrenos do seu domínio privado fica sujeito a legislação especial e, subsidiariamente, às disposições deste código.
CAPÍTULO II
Constituição do direito de superfície

ARTIGO 1528º
(Princípio geral)
O direito de superfície pode ser constituído por contrato, testamento ou usucapião, e pode resultar da alienação de obra ou árvores já existentes, separadamente da propriedade do solo.
ARTIGO 1529º
(Servidões)
1. A constituição do direito de superfície importa a constituição das servidões necessárias ao uso e fruição da obra ou das árvores; se no título não forem designados o local e as demais condições de exercício das servidões, serão fixados, na falta de acordo, pelo tribunal.
2. A constituição coerciva da servidão de passagem sobre prédio de terceiro só é possível se, à data da constituição do direito de superfície, já era encravado o prédio sobre que este direito recaía.
CAPÍTULO III
Direitos e encargos do superficiário e do proprietário
ARTIGO 1530º
(Preço)
1. No acto de constituição do direito de superfície, pode convencionar-se, a título de preço, que o superficiário pague uma única prestação ou pague certa prestação anual, perpétua ou temporária.
2. O pagamento temporário de uma prestação anual é compatível com a constituição perpétua do direito de superfície.
3. As prestações são sempre em dinheiro.
ARTIGO 1531º
(Pagamento das prestações anuais)
1. Ao pagamento das prestações anuais é aplicável o disposto nos artigos 1505º e 1506º, com as necessárias adaptações.
2. Havendo mora no cumprimento, o proprietário do solo tem o direito de exigir o triplo das prestações em dívida.
ARTIGO 1532º
(Fruição do solo antes do início da obra)
Enquanto não se iniciar a construção da obra ou não se fizer a plantação das árvores, o uso e a fruição da superfície pertencem ao proprietário do solo, o qual, todavia, não pode impedir nem tornar mais onerosa a construção ou a plantação.
ARTIGO 1533º
(Fruição do subsolo)
O uso e a fruição do subsolo pertencem ao proprietário; este é, porém, responsável pelos prejuízos causados ao superficiário em consequência da exploração que dele fizer.

ARTIGO 1534º
(Transmissibilidade dos direitos)
O direito de superfície e o direito de propriedade do solo são transmissíveis por acto entre vivos ou por morte.
ARTIGO 1535º
(Direito de preferência)
1. O proprietário do solo goza do direito de preferência, em último lugar, na venda ou dação em cumprimento do direito de superfície; sendo, porém, enfitêutico o prédio incorporado no solo, prevalece o direito de preferência do proprietário.
2. É aplicável ao direito de preferência o disposto nos artigos 416º a 418º e 1410º.
CAPÍTULO IV
Extinção do direito de superfície
ARTIGO 1536º
(Casos de extinção)
1. O direito de superfície extingue-se:
a) Se o superficiário não concluir a obra ou não fizer a plantação dentro do prazo fixado ou, na falta de fixação, dentro do prazo de dez anos;
b) Se, destruída a obra ou as árvores, o superficiário não reconstruir a obra ou não renovar a plantação, dentro dos mesmos prazos a contar da destruição;
c) Pelo decurso do prazo, sendo constituído por certo tempo;
d) Pela reunião na mesma pessoa do direito de superfície e do direito de propriedade;
e) Pelo desaparecimento ou inutilização do solo;
f) Pela expropriação por utilidade pública.
2. No título constitutivo pode também estipular-se a extinção do direito de superfície em consequência da destruição da obra ou das árvores, ou da verificação de qualquer condição resolutiva.
3. À extinção do direito de superfície, nos casos previstos nas alíneas a) e b) do nº 1, são aplicáveis as regras da prescrição.
ARTIGO 1537º
(Falta de pagamento das prestações anuais)
1. A falta de pagamento das prestações anuais durante vinte anos extingue a obrigação de as pagar, mas o superficiário não adquire a propriedade do solo, salvo se houver usucapião em seu benefício.
2. À extinção da obrigação de pagamento das prestações são aplicáveis as regras da prescrição.
ARTIGO 1538º
(Extinção pelo decurso do prazo)

entende que continua em vigor a lei 2030 de 22/06/1948 que disciplina a Superfície cujo concedente é pessoa jurídica de direito público, em homenagem ao Princípio da Especialidade (lei especial prevalece sobre lei geral), bem como, por expressa ressalva do art. 1527 de seu Código Civil.

Comparando o Código Brasileiro com o lusitano, constata-se:

1. Sendo o direito de superfície constituído por certo tempo, o proprietário do solo, logo que expire o prazo, adquire a propriedade da obra ou das árvores.
2. Salvo estipulação em contrário, o superficiário tem, nesse caso, direito a uma indemnização, calculada segundo as regras do enriquecimento sem causa.
3. Não havendo lugar à indemnização, o superficiário responde pelas deteriorações da obra ou das plantações, quando haja culpa da sua parte.

ARTIGO 1539º
(Extinção de direitos reais constituídos sobre o direito de superfície)
1. A extinção do direito de superfície pelo decurso do prazo fixado importa a extinção dos direitos reais de gozo ou de garantia constituídos pelo superficiário em benefício de terceiro.
2. Se, porém, o superficiário tiver a receber alguma indemnização nos termos do artigo anterior, aqueles direitos transferem-se para a indemnização, conforme o disposto nos lugares respectivos.

ARTIGO 1540º
(Direitos reais constituídos pelo proprietário)
Os direitos reais constituídos pelo proprietário sobre o solo estendem-se à obra e às árvores adquiridas nos termos do artigo 1538º.

ARTIGO 1541º
(Permanência dos direitos reais)
Extinguindo-se o direito de superfície perpétuo, ou o temporário antes do decurso do prazo, os direitos reais constituídos sobre a superfície ou sobre o solo continuam a onerar separadamente as duas parcelas, como se não tivesse havido extinção, sem prejuízo da aplicação das disposições dos artigos anteriores logo que o prazo decorra.

ARTIGO 1542º
(Extinção por expropriação)
Extinguindo-se o direito de superfície em consequência da expropriação por utilidade pública, cabe a cada um dos titulares a parte da indenização que corresponder ao valor do respectivo direito.

a) o C.C. de Portugal permite o prazo indeterminado do Direito de Superfície, enquanto no Brasil é sempre por tempo determinado;

b) No Brasil o objeto é sempre construir ou plantar, no código português permitiu-se também a manutenção das construções ou plantações (Direito de Sobreelevação e Superfície por cisão);

c) Em Portugal o código faz remissão aos Condomínios Horizontais, o C.C. brasileiro é omisso no que diz respeito a formação de um condomínio sobre o imóvel objeto da superfície;

d) No código lusitano o Direito de Superfície surge a partir de um "contrato, testamento ou usucapião, e pode resultar da alienação de obra ou árvores já existentes, separadamente da propriedade do solo", no Brasil somente a Escritura Pública devidamente registrada faz surgir o instituto;

e) O C.C. de Portugal faz remissão ao Direito Real de Servidão quando necessário ao superficiário, sendo, portanto, uma Servidão Legal (decorrente da lei) e imposta aos imóveis lindeiros quando o exercício do objeto da superfície exigir uma submissão por parte dos proprietários dos imóveis vizinhos. Por sua vez, o C.C. brasileiro é omisso quanto à servidão, assim é necessária a constituição do Direito Real de Servidão quando se fizer imprescindível;

f) No Brasil a concessão pode gratuita ou onerosa, não exigindo a lei neste último caso que o pagamento seja feito em dinheiro. Em Portugal é expresso que o pagamento será feito em dinheiro;

g) Em Portugal, existe uma previsão legal sancionatória para o caso de inadimplemento do superficiário, podendo pois o proprietário exigir o triplo das prestações em atraso;

h) O código brasileiro não se preocupou em enumerar as causas de extinção da superfície, deixando, pois, a cargo da doutrina, enquanto o código português as listou;

i) Em Portugal, caso o superficiário não pague as prestações pecuniárias por vinte anos, adquire o direito de não mais pagá-las, deixando claro o código que isto não significa que houve usucapião. Tal hipótese não é contemplada no direito brasileiro;

j) Importante notar que no Brasil existe a presunção relativa de que chegado o termo final do estipulado, o superficiário não fará jus à indenização. Em Portugal ocorre justamente o contrário, ou seja, caso omisso o contrato que originou a Superfície, extinto o direito deverá o proprietário indenizar o superficiário pelo valor das construções e plantações. Ressalte-se que no código português existe uma previsão de compensação entre os investimentos realizados pelo superficiário com eventual indenização em razão da extinção da Superfície.

Augusto Penha Gonçalves, citado por Venosa[21], assim comenta o instituto no Direito de Portugal:

> muito particularmente como instrumento técnico-jurídico propulsor do fomento da construção, tão necessário, sobretudo, nos grandes centros populacionais, onde a carência habitacional alimenta, em boa parte dos que neles vivem, uma das angústias do seu quotidiano.

Conclui-se que o direito positivo lusitano é muito mais preocupado em detalhar a Propriedade Superficiária, incumbindo-se de questões relegadas à doutrina no sistema brasileiro[22]. Tal fato pode ser atribuído ao festejado Princípio da Operabilidade (Concretitude ou Concretude) tão alardeado por Miguel Reale, onde preceitua-se a importância de conceitos jurídicos indeterminados e cláusulas gerais, possibi-

---

[21] Op. Cit. P.406
[22] O termo sistema deve ser compreendido conforme os ensinamentos de Tércio Sampaio Ferraz Júnior, ou seja, como um conjunto harmônico de normas (*in* Introdução ao Estudo do Direito na página 167).

litando ao magistrado decidir com maior liberdade, atento, sobretudo, às particularidades do caso concreto[23].

[23] 6. O princípio da operabilidade
O terceiro princípio que norteou a feitura deste nosso Projeto – e vamos nos limitar a apenas três, não por um vício de amar o trino, mas porque não há tempo para tratar de outros, que estão de certa maneira implícitos nos que estou analisando – o terceiro princípio é o "princípio da operabilidade". Ou seja, toda vez que tivemos de examinar uma norma jurídica, e havia divergência de caráter teórico sobre a natureza dessa norma ou sobre a convivência de ser enunciada de uma forma ou de outra, pensamos no ensinamento de Jhering, que diz que é da essência do Direito a sua realizabilidade: o Direito é feito para ser executado; Direito que não se executa – já dizia Jhering na sua imaginação criadora – é como chama que não aquece, luz que não ilumina, O Direito é feito para ser realizado; é para ser operado. Porque, no fundo, o que é que nós somos – nós advogados? Somos operadores do direito: operamos o Código e as leis, para fazer uma petição inicial, e levamos o resultado de nossa operação ao juiz, que verifica a legitimidade, a certeza, a procedência ou não da nossa operação – o juiz também é um operador do Direito; e a sentença é uma renovação da operação do advogado, segundo o critério de quem julga. Então, é indispensável que a norma tenha operabilidade, a fim de evitar uma série de equívocos e de dificuldades, que hoje entravam a vida do Código Civil.
Darei apenas um exemplo. Quem é que, no Direito Civil brasileiro ou estrangeiro, até hoje, soube fazer uma distinção nítida e fora de dúvida, entre prescrição e decadência? Há as teorias mais cerebrinas e bizantinas para se distinguir uma coisa de outra. Devido a esse contraste de idéias, assisti, uma vez, perplexo, num mesmo mês, a um Tribunal de São Paulo negar uma apelação interposta por mim e outros advogados, porque entendia que o nosso direito estava extinto por força de decadência; e, poucas semanas depois, ganhávamos, numa outra Câmara, por entender-se que o prazo era de prescrição, que havia sido interrompido! Por isso, o homem comum olha o Tribunal e fica perplexo. Ora, quisemos pôr um termo a essa perplexidade, de maneira prática, porque o simples é o sinal da verdade, e não o bizantino e o complicado.
...
O critério da operabilidade leva-nos, às vezes, a forçarmos um pouco, digamos assim, os aspectos teóricos. Vou dar um exemplo, para mostrar que prevalece, às vezes, o elemento de operabilidade sobre o elemento puramente teórico-formal. Qual é o prazo de responsabilidade de um construtor, pela obra que ele entregou, numa empreitada

O Código Civil austríaco assim prescreve:

§ 1125. Na herança uma propriedade é partilhada de modo que a uma parte caiba ao proprietário do solo junto com o uso do subsolo e a outra, pertença somente o uso da superfície terrestre. Assim, o imposto pago anualmente por este último proprietário, chama Bodenzins (taxa territorial ou de arrendamento).

de material e de lavor, ou seja, de mão-de-obra e com fornecimento de material? É um prazo de cinco anos – um prazo extenso. Porém estabelecemos que, não obstante a aparência de uma norma prescritiva, ela devia ser colocada como norma de decadência, para que não houvesse dúvida na jurisprudência, nem dúvida na responsabilidade, quer do proprietário, quer do empresário, um a exigir uma responsabilidade, outro a fazer face àquilo que assumiu como obrigação contratual.

Isto posto, o princípio da operabilidade leva, também, a redigir certas normas jurídicas, que são normas abertas, e não normas cerradas, para que a atividade social mesma, na sua evolução, venha a alterar-lhe o conteúdo através daquilo que denomino "estrutura hermenêutica". Porque, no meu modo de entender, a estrutura hermenêutica é um complemento natural da estrutura normativa. E é por isso que a doutrina é fundamental, porque ela é aquele modelo dogmático, aquele modelo teórico que diz o que os demais modelos jurídicos significam.

Estão verificando que tivemos em vista esses três princípios, e outros também, que levam em conta a concreção humana. Poderia acrescentar, aqui, o "princípio da concretitude", que, de certo modo, está implícito no de operabilidade. Concretitude é palavra que tem sido, às vezes discutida: há quem queira concretude. Mas, se nós formos ao Dicionário Aurélio, veremos que ele não registra "concretude" e sim "concretitude", assim como há "negritude", "plenitude", e assim por diante, segundo o espírito de nossa língua.

Concretitude, que é? É a obrigação que tem o legislador de não legislar em abstrato, para um indivíduo perdido na estratosfera, mas, quanto possível, legislar para o indivíduo situado: legislar para o homem enquanto marido; para a mulher enquanto esposa; para o filho enquanto um ser subordinado ao poder familiar. Quer dizer, atender às situações sociais, à vivência plena do Código, do direito subjetivo como uma situação individual; não um direito subjetivo abstrato, mas uma situação subjetiva concreta. Em mais de uma oportunidade ter-se-á ocasião de verificar que o Código preferiu, sempre, essa concreção para a disciplina da matéria. (...) in Visão Geral do Projeto de Código Civil, coletado do site: http://jus2.uol.com.br/doutrina/texto.asp?id=509 em 22/02/2009.

§ 1147. Quem somente (não) contribui com a "taxa territorial", só tem direito ao uso da superfície terrestre, tais como árvores, plantas e construções, e a uma parte de tesouros/bens que encontre. Tesouros enterrados ou outros proveitos subterrâneos pertencem integralmente ao proprietário da superfície terrestre.

§ 1150. Pela devastação de plantas, árvores ou demolição de construções não se perde o uso da superfície terrestre da propriedade. Enquanto ficar uma parte do solo, pode o proprietário reocupar a área, replantando árvores e reconstruindo a benfeitoria, quando ele pagar os impostos/juros de outra maneira.[24]

O Código Civil Suíço, também trata do instituto:

Direito de Superfície

Art. 675

1. Os edifícios e outras construções acima ou abaixo do solo ou unidos com ele de forma duradoura, podem ter proprietário distinto, desde que sejam inscritas como servidões no registro imobiliário. 2. Os diversos andares de uma casa não podem ser objeto do Direito de Superfície.[25]

---

[24] IV. Bodenzins

§ 1125. Ist ein Eigentum dergestalt geteilt, daß einem Teile die Substanz des Grundes samt der Benützung der Unterfläche, dem andern Teile aber nur die Benützung der Oberfläche erblich gehört; so heißt die jährliche von diesem letztern Besitzer zu entrichtende Abgabe, Bodenzins. Rechte aus dem Bodenzinse

§ 1147. Wer nichts als einen Bodenzins entrichtet, hat nur auf die Benutzung der Oberfläche, als: Bäume, Pflanzen und Gebäude, und auf einen Teil des auf derselben gefundenen Schatzes Anspruch. Vergrabene Schätze und andere unterirdische Nutzungen gehören dem Obereigentümer allein zu.

§ 1150. Durch Zerstörung der Pflanzen, Bäume und Gebäude geht das Nutzungseigentum der Oberfläche nicht verloren. Solange noch ein Teil des Grundes bleibt, kann ihn der Besitzer, wenn er anders seinen Zins abführt, mit neuen Pflanzen, Bäumen und Gebäuden besetzen.

[25] Droit de superficie

Art. 675

1 Les constructions et autres ouvrages établis au-dessus ou au-dessous d'un fonds, ou unis avec lui de quelque autre manière durable, peuvent

Observa-se que no Direito de Superfície Suíço existem três traços característicos relevantes: o primeiro é que o próprio código permite a utilização do subsolo; o segundo é que a lei estabelece que o instituto deve ser registrado como um Direito Real de Servidão como condição para a coexistência de dois proprietários distintos (um do solo e outro da construção) e, finalmente, veda a existência da propriedade superficiária cujo objeto são os diversos andares de uma casa.

Dispõe o Direito Holandês:

Art. 101- (5.8.1): 1 – O Direito de Superfície gera o poder de adquirir a propriedade das construções, estruturas e plantações que estão em terreno alheio, na superfície ou sobre ela. 2 – Os Direitos de Superfície podem ser concedidos a título autônomo ou dependente ou sobre um direito locatício. 3 – Pode ser estipulado na convenção um pagamento por parte do superficiário ao proprietário. Este pagamento pode ser periódico ou não.[26]

Constata-se no Direito Holandês a possibilidade de unir o Direito de Superfície a um contrato de locação ou fazê-lo de forma completamente autônoma.

Não se encontra positivado no Direito Francês o instituto ora apresentado. Não obstante, entende a doutrina francesa que o Código ao dispor que apenas presumivelmente (presunção relativa) o proprietário das construções é a mesma

---

avoir un propriétaire distinct, à la condition d'être inscrits comme servitudes au registre foncier.
2 Les divers étages d'une maison ne peuvent être l'objet d'un droit de superficie.

[26] "Art. 101. (5.8.1) – 1. Le droit de superficie est le droit réel d'avoir ou d'acquérir La propriété de constructions, d'ouvrages et de plantations qui se trouvent dans l'immeuble d'autrui, sur celui-ci ou au-dessus de celui-ci. 2. Le droit de superficie peut être accordé de manière autonome ou dépendante d'un autre droit réel ou d'un droit de bail sur l'immeuble. 3. Il peut être stipulé, dans l'acte constitutif, l'obligation pour le superficiaire de payer au propriétaire une redevance. La redevance peut être stipulée payable par versements qui peuvent être périodiques ou non.

pessoa proprietária do solo, admitiu, ainda que implicitamente, a propriedade superficiária. Diz a lei daquele país:

Art. 553- Todas as construções, plantações e obras sobre um terreno presumem-se feitas por seu proprietário à sua custa e lhe pertencem, se o contrário não for provado; (...)[27]

Em 28 de maio de 2007, o Direito Espanhol revogou o conhecido *Texto Refundido de la Ley sobre el Régimen del Suelo y Ordenación Urbana* para regular o Direito de Superfície através da Ley 8/2007, com o texto incorporado no Título V que trata da Função Social da Propriedade[28]:

---

[27] Art. 553- Toutes constructions, plantations et ouvrages sur un terrain ou dans l'interieur, sont presumés faits par le proprietaire à ses frais et lui appartenir, si le contraire n'est prouve.(...)

[28] TÍTULO V
FUNCIÓN SOCIAL DE LA PROPIEDAD Y GESTIÓN DEL SUELO.
...
CAPÍTULO III
DERECHO DE SUPERFICIE.
Artículo 35. Contenido, constitución y régimen.
1. El derecho real de superficie atribuye al superficiario la facultad de realizar construcciones o edificaciones en la rasante y en el vuelo y el subsuelo de una finca ajena, manteniendo la propiedad temporal de las construcciones o edificaciones realizadas. También puede constituirse dicho derecho sobre construcciones o edificaciones ya realizadas o sobre viviendas, locales o elementos privativos de construcciones o edificaciones, atribuyendo al superficiario la propiedad temporal de las mismas, sin perjuicio de la propiedad separada del titular del suelo.
2. Para que el derecho de superficie quede válidamente constituido se requiere su formalización en escritura pública y la inscripción de ésta en el Registro de la Propiedad. En la escritura deberá fijarse neCésariamente el plazo de duración del derecho de superficie, que no podrá exceder de noventa y nueve años.
El derecho de superficie sólo puede ser constituido por el propietario del suelo, sea público o privado.
3. El derecho de superficie puede constituirse a título oneroso o gratuito. En el primer caso, la contraprestación del superficiario podrá consistir en el pago de una suma alzada o de un canon periódico, o en la adjudicación de viviendas o locales o derechos de arrendamiento de unos u

otros a favor del propietario del suelo, o en varias de estas modalidades a la vez, sin perjuicio de la reversión total de lo edificado al finalizar el plazo pactado al constituir el derecho de superficie.
4. El derecho de superficie se rige por las disposiciones de este Capítulo, por la legislación civil en lo no previsto por él y por el título constitutivo del derecho.
Artículo 36. Transmisión, gravamen y extinción.
1. El derecho de superficie es susceptible de transmisión y gravamen con las limitaciones fijadas al constituirlo.
2. Cuando las características de la construcción o edificación lo permitan, el superficiario podrá constituir la propiedad superficiaria en régimen de propiedad horizontal con separación del terreno correspondiente al propietario, y podrá transmitir y gravar como fincas independientes las viviendas, los locales y los elementos privativos de la propiedad horizontal, durante el plazo del derecho de superficie, sin necesidad del consentimiento del propietario del suelo.
3. En la constitución del derecho de superficie se podrán incluir cláusulas y pactos relativos a derechos de tanteo, retracto y retroventa a favor del propietario del suelo, para los casos de las transmisiones del derecho o de los elementos a que se refieren, respectivamente, los dos apartados anteriores.
4. El propietario del suelo podrá transmitir y gravar su derecho con separación del derecho del superficiario y sin necesidad de consentimiento de éste. El subsuelo corresponderá al propietario del suelo y será objeto de transmisión y gravamen juntamente con éste, salvo que haya sido incluido en el derecho de superficie.
5. El derecho de superficie se extingue si no se edifica de conformidad con la ordenación territorial y urbanística en el plazo previsto en el título de constitución y, en todo caso, por el transcurso del plazo de duración del derecho.
A la extinción del derecho de superficie por el transcurso de su plazo de duración, el propietario del suelo hace suya la propiedad de lo edificado, sin que deba satisfacer indemnización alguna cualquiera que sea el título en virtud del cual se hubiera constituido el derecho. No obstante, podrán pactarse normas sobre la liquidación del régimen del derecho de superficie.
La extinción del derecho de superficie por el transcurso de su plazo de duración determina la de toda clase de derechos reales o personales impuestos por el superficiario.
Si por cualquier otra causa se reunieran los derechos de propiedad del suelo y los del superficiario, las cargas que recayeren sobre uno y otro

Importante ressaltar alguns detalhes da legislação espanhola:

a) O limite temporal do Direito de Superfície é de noventa e nove anos;

b) O superficiário poderá instituir um condomínio horizontal (edilício) sobre a sua propriedade superficiária, em separado da terra nua;

c) Na constituição poderá o proprietário estabelecer o direito de preferência, retratação e retrovenda, caso o superficiário venha a transmitir seu direito;

d) O subsolo poderá ou não, estar incluído no objeto do Direito de Superfície.

O Rei Juan Carlos I na exposição de motivos da Ley 8/2007 (supra transcrita) ressalta por várias vezes a importância de uma interpretação social da legislação espanhola, pelo que peço vênia para transcrever devido a inquestionável importância a este trabalho:

(...)

VII

El último Título de la Ley contiene diversas medidas de garantía del cumplimiento de **la función social de la propiedad inmobiliaria**. Son muchas y autorizadas las voces que, desde la sociedad, el sector, las Administraciones y la comunidad académica denuncian la existencia de prácticas de retención y gestión especulativas de suelos que obstruyen el cumplimiento de su función y, en particular, el acceso de los ciudadanos a la vivienda. Los avances en la capacidad de obrar de los diversos agentes por los que apuesta esta Ley (apertura de la iniciativa privada, mayor proporcionalidad en la participación de la Administración en las plusvalías) deben ir acompañados de la garantía de que esa capacidad se ejercerá efectivamente para cumplir con la **función social de la propiedad** y con el destino urbanístico del suelo que aquélla tiene por objeto, ya sea público o privado su titular.

---

derecho continuarán gravándolos separadamente hasta el transcurso del plazo del derecho de superficie.

Toda capacidad conlleva una responsabilidad, que esta Ley se ocupa de articular al servicio del interés general a lo largo de todo su cuerpo: desde la responsabilidad patrimonial por el incumplimiento de los plazos máximos en los procedimientos de ordenación urbanística, a la posibilidad de sustituir forzosamente al propietario incumplidor de los plazos de ejecución, el mayor rigor en la determinación de los destinos de los patrimonios públicos de suelo o las medidas arbitradas para asegurar que se cumple ese destino aun cuando se enajenen los bienes integrantes de los patrimonios públicos de suelo.

El contenido del Título se cierra con una regulación del régimen del **derecho de superficie** dirigida a superar la deficiente situación normativa actual de este derecho y favorecer su operatividad para facilitar el acceso de los ciudadanos a la vivienda y, con carácter general, diversificar y dinamizar las ofertas en el mercado inmobiliario. (grifos acrescidos)

Da leitura do texto do Rei Juan Carlos I, conclui-se:

a) Que existe na Espanha, segundo várias instituições, inclusive a comunidade acadêmica, a existência de uma prática de se especular o mercado imobiliário através da indisponibilidade, acarretando a majoração dos preços e dificultando o acesso à casa própria;

b) Que a Administração Pública deve envidar esforços para constranger os particulares e o próprio Poder Público, a dar função social a seus imóveis;

c) Que as questões urbanísticas de desenvolvimento e ocupação ordenada, são pontos de grande preocupação do Rei e que as normas de regulamentação devem ter por objeto os imóveis dos particulares e públicos;

d) Que o Direito de Superfície veio a suprir uma lacuna na legislação, objetivando permitir aos espanhóis maior facilidade de acesso à casa própria e estimular o mercado imobiliário.[29]

---

[29] Para se conhecer mais sobre os Direitos Reais na Espanha recomendo o "Tratado de Derecho Civil" escrito por Ludwig Ennecerus, Theodor Kipp e Martin Wolff.

A província canadense de Québec dispõe em seu Código Civil:

Art.1110. A propriedade superficiária resulta da divisão do objeto do direito de propriedade sobre um imóvel, da cessão do direito de acessão ou renúncia com o benefício de acessão.

Art. 1113. A propriedade superficiária pode ser perpétua, mas pode ser fixado um termo na convenção que a estabelece.

Art. 1116. No término da propriedade superficiária, o proprietário do terreno adquire por acessão as propriedades e construções de obras ou plantações, pagando o valor ao superficiário. Contudo, se o valor é igual ou superior aos bens do solo, o superficiário tem o direito de adquirir a propriedade dos bens, pagando ao proprietário, a menos que prefira, à sua custa, retirar as construções, obras e plantações que fez e entregar o solo no estado anterior.

Art. 1117. Na falta disso o superficiário deve exercer o seu direito de adquirir a propriedade dos bens do solo, nos noventa dias de acordo com o fim da propriedade superficiária, o proprietário conserva a propriedade das construções, obras e plantações.

Art. 1118. O proprietário e o superficiário que não se entenderem sobre o preço e as outras condições de aquisição dos bens do subsolo ou as construções de obras ou plantações, podem pedir ao tribunal que fixe o preço e as condições de aquisição. O julgamento vale título e tem todos os efeitos.[30]

---

[30] Art. 1110. La propriété superficiaire résulte de la division de l'objet du droit de propriété portant sur un immeuble, de la cession du droit d'accession ou de La renonciation au bénéfice de l'accession".
Art. 1113. La propriété superficiaire peut être perpetuelle, mais un terme peut être fixé par la convention qui établit la modalité superficiaire".
Art. 1116. À l'expiration de la propriété superficiaire, le tréfoncier acquiert par accesssion la propriété des constructions, ouvrages ou plantations en en payant La valeur au superficiaire. Cependant, si la valeur est égale ou supérieure à celle du tréfonds, le superficiaire a le droit d'acquérir la propriété du tréfonds en en payant la valeur au tréfoncier, à moins qu'il ne préfère, à ses frais, enlever les constructions, ouvrages et plantations qu'il a faits et remette le tréfonds dans son état antérieur".
Art. 1117. À défaut par le superficiaire d'exercer son droit d'acquérir la propriété du tréfonds, dans les quatre-vingt-dix jours suivant la fin de la

Diana Coelho Barbosa[31] observa algumas particularidades do Direito de Superfície no Código de Québec:

a) pode ser perpétuo, se o contrário não for convencionado (art. 1113); b) uma vez extinta a propriedade superficiária, o proprietário do terreno (tréfoncier) adquire, por acessão, a propriedade das construções, obras ou plantações sobre ele existentes, pagando o respectivo valor ao superficiário; entretanto, se o valor for igual ou superior ao do terreno, o superficiário tem o direito de adquirir a propriedade do terreno pagando o valor correspondente ao proprietário, a menos que aquele (o superficiário) prefira, às suas próprias expensas, retirar as obras, construções ou plantações por ele realizadas e devolver o terreno ao seu estado anterior (1116); c) se o superficiário não exercer o direito de adquirir a propriedade do terreno dentro de noventa dias seguintes à extinção da superfície, o proprietário do terreno conserva a propriedade das construções, obras ou plantações (art. 1117); em caso de desacordo quanto ao preço e demais condições de aquisição do terreno ou das construções, o proprietário e o superficiário podem pedir ao tribunal que os estipule, valendo o julgamento como título em todos os seus efeitos (art.1118).

Importante citar que no Direito Inglês existe o "lease imobiliário" e os "building-leases" que, grosso modo, é a possibilidade do proprietário alugar por longo prazo (comumente 80 a 90 anos) seu imóvel, permitindo que o locatário por um grande período possa exercer direitos inerentes ao proprietário (usar e fruir), o que sói acontecer em Londres em virtude da existência de poucos cidadãos muito ricos, originários normalmente das classes ligadas à realeza britânica, que detêm grande parte dos imóveis londrinos.

---

propriété superficiaire, le tréfoncier conserve la propriété des constructions, ouvrages et plantations".

Art. 1118. Le tréfoncier et le superficiaire qui ne s'entendent pas sur le prix et les autres conditions d'acquisition du tréfonds ou des constructions, ouvrages ou plantations, peuvent demander au tribunal de fixer le prix et les conditions d'acquisition. Le jugement vaut titre et en a tous les effets"

[31] Op. Cit. . p. 50.

Por fim, tem-se notícia[32] de que na China o Código Civil de 1929 dispõe sobre o instituto como direito real, permitindo a propriedade superficiária alcançar as construções, bambus e árvores que se plantassem.

3. Posição do Instituto no Direito Brasileiro

Mesmo após a independência do Brasil vigorou a legislação portuguesa até que em 1864, com a lei 1.237, baniu-se o Direito de Superfície do nosso país.[33]

Na legislação lusitana, tanto na Lei Pombalina de 09 de julho de 1773 quanto no Código Civil de 1867, existia previsão, embora com terminologia diversa, da propriedade superficiária, tratando-a como acessão imobiliária.

O Código Civil brasileiro de 1916, Lei 3.071/16, era omisso em relação ao Direito de Superfície e, como não o elencava entre os direitos reais, a doutrina o excluía, devido a característica "numerus clausus"[34] intrínseca ao "ius in re"[35].

Vale dizer que boa parte da doutrina do século passado, por exemplo, os civilistas Washington de Barros Monteiro, Carvalho Santos, Arnoldo Medeiros da Fonseca, preconizavam a existência do Direito de Superfície, sob o argumento que não era incumbência da lei fixar o rol dos direitos reais e sim a própria natureza jurídica do instituto, afirmando que trata-se de "numerus apertus"[36] o elenco trazido pela lei[37].

---

[32] CAVALCANTI, Marise Pessoa. *Superfície Compulsória*. Rio de Janeiro: Renovar, 2000. p. 25

[33] Sobre o Direito Português e sua história recomendável a leitura de Hespanha *in* História das Instituições.

[34] Rol taxativo, isto é, segundo doutrina não é possível a construção de outros direitos reais senão os previstos em lei.

[35] Direitos Reais.

[36] Rol exemplificativo, ou seja, segundo alguns autores o elenco dos direitos reais previsto da lei era não exaustivo.

[37] Vale dizer que no direito espanhol vários autores, dentre os quais Albadejo e Loz Mozos, preconizam que os direitos reais estão elencados apenas de modo exemplificativo na lei.

De fato, distinguir os direitos reais dos obrigacionais nem sempre é tarefa simples, nem tampouco objeto deste trabalho, todavia, vale registrar a lição de Pietro Perlingieri[38]:

essas situações reais não se reduzem ao exclusivo dever genérico de abstenção por parte de terceiros; elas, especialmente aquelas limitadas, caracterizam-se pela presença de obrigações específicas integrativas.

Em 1963 por iniciativa de Orlando Gomes, o Direito de Superfície voltou à baila no nosso ordenamento jurídico, através do anteprojeto do novo código civil. Todavia não se manteve quando convolado em projeto de lei.

O Decreto-Lei 271 de 28 de fevereiro de 1967 instituiu a Concessão de Uso, nos seguintes termos:

Art. 7º – É instituída a concessão de uso de terrenos públicos ou particulares, remunerada ou gratuita, por tempo certo ou indeterminado, como direito real resolúvel, para fins específicos de urbanização, industrialização, edificação, cultivo de terra, ou outra utilização de interesse social.

Observamos na norma supra-transcrita uma grande similitude com o Direito de Superfície, muito embora assim não o tenha denominado. Não obstante, trata o artigo de Concessão de Uso o que traz por corolário o não afastamento do Princípio de que tudo que se acrescenta ao solo é de propriedade do dono do solo, justamente um traço característico do Direito de Superfície, diferenciando, pois, os dois institutos.

A lei 11.481/07 alterou o dispositivo retro, para os seguintes termos:

Art. 7º É instituída a concessão de uso de terrenos públicos ou particulares remunerada ou gratuita, por tempo certo ou indeterminado, como direito real resolúvel, para fins específicos de regularização fundiária de interesse social, urbanização,

---

[38] PERLINGIERI, Pietro. *Perfis do Direito Civil*: introdução ao direito civil constitucional. Tradução de Maria Cristina De Cicco. Rio de Janeiro: Renovar, 1999. P. 204.

industrialização, edificação, cultivo da terra, aproveitamento sustentável das várzeas, preservação das comunidades tradicionais e seus meios de subsistência ou outras modalidades de interesse social em áreas urbanas.

Em 1972 o Prof. Miguel Reale, incumbido da coordenação da equipe que elaborou o atual Código Civil, reintroduziu no nosso ordenamento o Direito de Superfície, dissertando:

> Tendo sido firmado o princípio da enumeração taxativa dos direitos reais foi mister atender à chamada "*concessão de uso*", tal como já se acha em vigor, "ex vi" do Decreto-lei n° 271, de 28 de fevereiro de 1967, que dispõe sobre loteamento urbano. Trata-se de inovação recente de legislação pátria, mas com larga e benéfica aplicação. Como a LEI estende a "concessão de uso" às relações entre particulares, não pode o Projeto deixar de contemplar a espécie. Consoante justa ponderação de JOSÉ CARLOS DE MOREIRA ALVES, a "migração" desse modelo jurídico, que passou da esfera do Direito Administrativo para a do Direito Privado, veio restabelecer, sob novo enfoque, o antigo instituto da *superfície*...[39]

Vale dizer que o instituto não estava inicialmente no projeto do Código Civil, entretanto, o Professor Reale, na sua constante preocupação com a função social dos diversos institutos de Direito Civil, o fez inserir.

Assim, o atual Código Civil brasileiro, Lei 10.406/02, dispõe:

TÍTULO IV

Da Superfície

Art. 1.369. O proprietário pode conceder a outrem o direito de construir ou de plantar em seu terreno, por tempo determinado, mediante escritura pública devidamente registrada no Cartório de Registro de Imóveis.

Parágrafo único. O direito de superfície não autoriza obra no subsolo, salvo se for inerente ao objeto da concessão.

Art. 1.370. A concessão da superfície será gratuita ou onerosa; se onerosa, estipularão as partes se o pagamento será feito de uma só vez, ou parceladamente.

---

[39] Texto colhido do site http://www.asjtrio.com.br/Codigos/CC_11a.htm acessado em 22/02/2009.

Art. 1.371. O superficiário responderá pelos encargos e tributos que incidirem sobre o imóvel.

Art. 1.372. O direito de superfície pode transferir-se a terceiros e, por morte do superficiário, aos seus herdeiros.

Parágrafo único. Não poderá ser estipulado pelo concedente, a nenhum título, qualquer pagamento pela transferência.

Art. 1.373. Em caso de alienação do imóvel ou do direito de superfície, o superficiário ou o proprietário tem direito de preferência, em igualdade de condições.

Art. 1.374. Antes do termo final, resolver-se-á a concessão se o superficiário der ao terreno destinação diversa daquela para que foi concedida.

Art. 1.375. Extinta a concessão, o proprietário passará a ter a propriedade plena sobre o terreno, construção ou plantação, independentemente de indenização, se as partes não houverem estipulado o contrário.

Art. 1.376. No caso de extinção do direito de superfície em conseqüência de desapropriação, a indenização cabe ao proprietário e ao superficiário, no valor correspondente ao direito real de cada um.

Art. 1.377. O direito de superfície, constituído por pessoa jurídica de direito público interno, rege-se por este Código, no que não for diversamente disciplinado em lei especial.

Ressalte-se que por ocasião da entrada em vigor do atual código, já vigorava a Lei 10.257/01, conhecida por Estatuto da Cidade que, exclusivamente para imóveis urbanos, já dispunha sobre o Direito de Superfície[40] nos seguintes termos:

Seção VII

Do direito de superfície

Art. 21. O proprietário urbano poderá conceder a outrem o direito de superfície do seu terreno, por tempo determinado ou indeterminado, mediante escritura pública registrada no cartório de registro de imóveis.

§ 1º O direito de superfície abrange o direito de utilizar o solo, o subsolo ou o espaço aéreo relativo ao terreno, na forma es-

---

[40] Existe séria discussão sobre se ainda vigoram as disposições do Estatuto da Cidade no que concerne ao Direito de Superfície, como veremos adiante.

tabelecida no contrato respectivo, atendida a legislação urbanística.

§ 2º A concessão do direito de superfície poderá ser gratuita ou onerosa.

§ 3º O superficiário responderá integralmente pelos encargos e tributos que incidirem sobre a propriedade superficiária, arcando, ainda, proporcionalmente à sua parcela de ocupação efetiva, com os encargos e tributos sobre a área objeto da concessão do direito de superfície, salvo disposição em contrário do contrato respectivo.

§ 4º O direito de superfície pode ser transferido a terceiros, obedecidos os termos do contrato respectivo.

§ 5º Por morte do superficiário, os seus direitos transmitem-se a seus herdeiros.

Art. 22. Em caso de alienação do terreno, ou do direito de superfície, o superficiário e o proprietário, respectivamente, terão direito de preferência, em igualdade de condições à oferta de terceiros.

Art. 23. Extingue-se o direito de superfície:

I – pelo advento do termo;

II – pelo descumprimento das obrigações contratuais assumidas pelo superficiário.

Art. 24. Extinto o direito de superfície, o proprietário recuperará o pleno domínio do terreno, bem como das acessões e benfeitorias introduzidas no imóvel, independentemente de indenização, se as partes não houverem estipulado o contrário no respectivo contrato.

§ 1º Antes do termo final do contrato, extinguir-se-á o direito de superfície se o superficiário der ao terreno destinação diversa daquela para a qual for concedida.

§ 2º A extinção do direito de superfície será averbada no cartório de registro de imóveis.

O projeto de lei 6.960 de 2002 de autoria do Deputado Ricardo Fiuza que altera vários artigos do atual Código Civil, propõe as seguintes alterações no que concerne ao Direito de Superfície:

Art. 1.369. O proprietário pode conceder a outrem o direito de construir ou de plantar em seu terreno ou o direito de executar benfeitorias em sua edificação, por tempo determinado, mediante escritura pública devidamente registrada no cartório de Registro de Imóveis.

Parágrafo único. O direito de superfície abrange o direito de utilizar o imóvel pronto ou em fase de construção, o solo, o subsolo ou o espaço aéreo relativo ao mesmo, na forma estabelecida no contrato, atendida a legislação urbanística.

Art. 1.371. O superficiário responderá integralmente pelos encargos e tributos que incidirem sobre a propriedade superficiária, arcando, ainda, proporcionalmente à sua parcela de ocupação efetiva, com os encargos e tributos sobre a área objeto da concessão do direito de superfície, salvo disposição em contrário do contrato respectivo.

Art. 1.374. Antes do termo final, resolver-se-á a concessão se o superficiário der ao terreno destinação diversa daquela para que foi concedida bem como se descumprir qualquer outra obrigação assumida no contrato.

Constatam-se as seguintes modificações propostas pelo projeto retro transcrito em relação ao Código Civil em vigor:

a) A ampliação da utilização da propriedade superficiária para incluir os imóveis em construção, o solo, o subsolo e o espaço aéreo;

b) O detalhamento da questão fiscal, estabelecendo que o superficiário além de pagar os tributos incidentes sobre a propriedade superficiária, arcará com a proporção sobre a área objeto da concessão, salvo disposição em contrário;

c) Ampliou as hipóteses de extinção do Direito de Superfície, para dispor que qualquer descumprimento ao contrato que deu origem é causa de resolução da concessão.

Comenta o autor da proposta[41]:

85. Art. 1.369: A presente proposta pretende expandir a utilização do direito de superfície e harmonizar a sua regulamentação. A restrição do parágrafo único do art. 1.369 limita o

---

[41] Coletado do site: http://www.camara.gov.br/sileg/integras/50233.pdf acessado em 22/02/2009.

Instituto da Superfície ao nível do solo, excluindo o subsolo e o espaço aéreo que são da essência do instituto da superfície. 86. Arts.1.371 e 1374: A alteração que proponho ao artigo 1371 visa à compatibilização desse dispositivo com o art. 21, § 3º da Lei 10.257 de 2001, atual Estatuto da Cidade, que ao dispor sobre as obrigações do superficiário, apresenta-se mais completo. No mesmo sentido é a alteração proposta ao artigo 1374, para compatibilização desse dispositivo com o art. 23, inciso II do atual Estatuto da Cidade, que ao dispor sobre a extinção do direito de superfície, apresenta-se mais completo, explicitando outras hipóteses de descumprimento das obrigações contratuais assumidas pelo superficiário, tais como o não pagamento da concessão; não uso do imóvel; danos ao imóvel; não pagamento dos tributos etc. Por esses motivos, afigura-se necessário modificar-se a redação dos dois dispositivos, complementando-a, nos termos da proposta formulada.

Entretanto, o parecer de Vicente Arruda não admitiu as mudanças supra, pelos seguintes motivos[42]:

> O Direito Real de Superfície foi introduzido no ordenamento jurídico pátrio pelo Decreto Lei n. 271, de 28 de fevereiro de 1967, sob o *nomen juris* de "concessão de uso" e apropriado pela Lei n. 10.257, de 10/07/2001 – Estatuto da Cidade – já agora sob a denominação de "direito de superfície". O NCC acolheu o direito de superfície como direito real no art. 1.225, II, e o regulamentou nos arts. 1.369 a 1.377. Nos três diplomas legais o direito de superfície é instituído por contrato para o fim específico de outorgar direito de construir e de plantar, exigindo o NCC que a concessão seja por tempo determinado e por escritura pública registrada no Registro de Imóveis. Há uma aparente divergência entre as normas que disciplinam o direito de superfície no CC e no Estatuto de Cidade. É que, no Estatuto da Cidade, o art. 21 § 1º, estabelece que o direito de superfície abrange o direito de utilizar o solo, o subsolo e o espaço aéreo relativo ao terreno, na forma estabelecida no contrato respectivo, atendida a legislação urbanística, enquanto o NCC, no parágrafo único do art. 1.369, afirma que o direito de superfície não autoriza

---

[42] DINIZ, Maria Helena. *Curso de Direito Civil Brasileiro.* 04º vol. 20ª Ed. São Paulo: Saraiva, 2004. p. 456.

obra no subsolo, salvo se for inerente ao objeto da concessão. Da transcrição dos dispositivos acima, verifica-se que o uso do solo, do subsolo e do espaço aéreo, tanto nas normas do Estatuto da Cidade quanto do NCC, estão condicionados aos objetivos do contrato de concessão. Evidente que uma concessão para construir no terreno do proprietário implica na utilização do subsolo e do espaço aéreo. Em ambas as hipóteses a utilização está condicionada à previsão contratual. Por conseguinte, mantenho a redação do art. 1.369, porque não há necessidade de se mencionar o espaço aéreo porque esta expressão está visceralmente ligada à exploração do solo. E o subsolo depende do objeto do contrato.

Conclui-se que atualmente encontramos o Direito de Superfície em duas normas, quais sejam: no Estatuto da Cidade (Lei 10.257/01) e no Código Civil (Lei 10.406/02) cuja aplicabilidade estudaremos mais adiante.

4. Natureza Jurídica

O Direito de Superfície é um Direito real onde se constata a existência de duas partes em uma relação jurídica. O primeiro pólo, denominado proprietário ou concedente, transfere ao segundo, chamado superficiário, o direito de construir ou plantar em imóvel de seu domínio.

Assim, um imóvel outrora sem utilidade, poderá transformar-se em algo útil à sociedade. Não obstante, também poderá interessar ao proprietário que não quer (ou não pode) construir ou plantar, bem como ao superficiário que pretende erigir no terreno alguma acessão a seu benefício, lucrar através da exploração da construção ou colheita da plantação.

Podemos fundamentar o parágrafo anterior diante de uma situação hipotética: imaginemos que determinada pessoa de idade avançada, servidor público, cuja única propriedade é um grande terreno não edificado em zona urbana, herdado de seu pai, com altíssimo valor de Imposto sobre a Propriedade Predial e Territorial Urbana (IPTU) e que, devido a características próprias como a senilidade, ausência de recursos suficientes, desconhecimento do mercado imobiliário, ausência de comprador com disponibilidade para adquirir o imóvel pelo preço justo, esteja no enorme dilema entre alienar o imóvel a preço vil ou tornar-se devedor do fisco municipal. Sem dúvida, o Direito de Superfície poderá ser a grande solução para a questão elaborada.

Como leciona Carlos Roberto Gonçalves[43]:

> Com efeito, o fenômeno da edificação (*inaedificatio*) e da plantação (*plantatio*) é dominado pelo princípio *superficies solo cedit*, por força do qual tudo que se planta ou constrói em solo alheio é da propriedade do dono do solo (*dominus soli*). Pode ocorrer, contudo, como assinala Ricardo Pereira Lira, a suspensão dos efeitos da acessão, quando se terá a superfície temporânea, ou a *interrupção* dos efeitos da acessão, quando se consubstanciará caso de superfície perpétua. Não incidirá, nessas hipóteses, o aludido princípio *superficies solo cedit*, pois a propriedade da construção ou plantação é de quem a realizou, continuando o terreno no domínio do dono do solo. Essa suspensão ou interrupção resulta do direito de superfície.

Afinal, poderá o proprietário conceder a uma construtora o direito de erigir no imóvel um edifício e explorá-lo por tempo suficiente, através de locação ou uso próprio, capaz de proporcionar à empresa o lucro almejado e, por conseguinte, escusando o proprietário do pagamento do IPTU e ainda, por fim, acrescentar a seu patrimônio, findo o Direito de Superfície, a construção realizada.

Em Belo Horizonte/MG, existe um caso concreto que muito se assemelha ao narrado nos parágrafos anteriores, trata-se do contrato que envolve o Clube Atlético Mineiro e a empresa Multiplan S/A (Consórcio MTS/IBR) onde o primeiro é proprietário de um grande imóvel em uma das

---

[43] Op. Cit. p. 415.

áreas mais valorizadas da capital mineira e em 1996[44] cedeu ao segundo, por contrato, a concessão da construção de um shopping center e sua exploração por 30 anos. Este contrato dispõe que entre 1996 e 2026 o clube desportivo receberá 15% (quinze porcento) do faturamento com a exploração do shopping e, após, passará a deter 100% (cem porcento) do valor com a exploração do empreendimento, como explica a matéria jornalística parcialmente transcrita[45]:

> Shopping é a 2ª fonte de receita do Galo
> Cândido Henrique Silva, do Pelé.net
> BELO HORIZONTE – O shopping Diamond Mall, localizado numa área nobre da capital mineira e construído no antigo estádio Antônio Carlos, do Atlético-MG, é a segunda fonte de receita do clube alvinegro, perdendo apenas para a cota da televisão. O centro comercial, que fica ao lado da sede administrativa de Lourdes, rende aos cofres do Galo R$ 3 milhões por ano.
>
> A informação passada foi divulgada durante a reunião extraordinária do Conselho Deliberativo, em dezembro passado, quando foi apresentadas as contas do Atlético. O clube, que recebia até o ano passado R$ 15 milhões referentes ao valor pago pela *TV Globo*, detentora dos direitos de transmissão dos jogos do Campeonato Brasileiro. Devido à queda para a Série B, o Galo receberá, em 2006, a metade daquela receita, ou R$ 7,5 milhões.
>
> No contrato firmado em 1996 com o grupo de investimento Multiplan, que arrendou o Diamond Mall por 30 anos, o Galo recebe 15% da arrecadação do centro comercial. Em novembro, o contrato entre o grupo e o administrador do empreendimento completará 10 anos. Daqui a 20 a diretoria do clube assume a administração e passa a embolsar a receita total do shopping.
>
> O assessor financeiro do Galo, Flávio Pena, lembra que a receita do shopping é maior até mesmo que os patrocínios de camisa, dinheiro importante na maioria dos clubes. Segundo

---

[44] Informação colhida no site oficial do Clube Atlético Mineiro em 22/02/2009: http://atleticomineiro.wordpress.com/patrimonio/
[45] Texto reproduzido a partir do site http://esporte.uol.com.br/futebol/ultimas/2006/01/23/ult1334u785.jhtm acessado em 22/02/2009.

números passados na reunião do Conselho Deliberativo, o Atlético não chega a arrecadar R$ 2 milhões com os anunciantes do uniforme alvinegro.

"O clube arrecada aproximadamente 240 mil reais por mês (*com o Diamond Mall*). Este valor representa mais do que o patrocínio presente na camisa do Atlético", observou o assessor financeiro, explicando o que o clube arrecada com o centro comercial.

"Dentro do estabelecido pelo contrato, o clube recebe 15% de todos os aluguéis das lojas comerciais e dos estandes instalados nas dependências do shopping", disse Flávio Pena.

O que traz um retorno grande ao Atlético é o fato de o Diamond Mall estar localizado em uma das regiões mais nobres da cidade. Segundo estudos feitos pelos administradores do local e que estão publicados no *site* do shopping, 90% das pessoas que freqüentam o local são das classes A e B.

Atualmente, o Diamond Mall comporta 216 lojas, sendo que 35 foram inauguradas em dezembro passado, quando a administração do local abriu um novo andar, já previsto na planta em 1996, mas que não havia sido concluído. O presidente do Atlético, Ricardo Guimarães, acredita que, com isso, a renda do Galo aumentará.

"É um dinheiro importante para o Atlético e até gostaríamos que ele fosse maior. Há pouco tempo, o Diamond Mall fez uma ampliação. Com certeza, esta receita vai aumentar. É uma receita importante para gente, sim, e gira em torno de R$ 240 mil ou um pouco mais por mês. Este ano vai ser até maior", comemorou o dirigente atleticano.

Alívio financeiro

O Diamond Mall também é visto como um investimento futuro do Atlético, já que em um pouco mais de 20 anos o clube será o administrador do local e receberá 100% do que é pago pelos lojistas. Isso, na cotação atual, renderia cerca de R$ 20 milhões anuais, ou mais de R$ 1,6 milhão por mês.

"O Diamond Mall possui um alto valor patrimonial, contribuindo para que o patrimônio líquido do Clube Atlético Mineiro seja positivo. Em 2026, com o controle total do shopping, o Atlético aumentará consideravelmente a sua receita, colaborando ainda mais para que o clube pague suas despesas", ponderou Flávio Pena.

O presidente Ricardo Guimarães também destaca a importância que o shopping ganhará na vida financeira do clube em

20 anos. No entanto, ele acredita que o Atlético tem que ser tocado até lá sem contar com este dinheiro.

"Vai nos ajudar muito, mas não que seja uma redenção financeira, mas dá uma sustentabilidade ao Atlético muito grande e dá uma garantia de receita muito boa, pena que é daqui a 20 anos, Temos que trabalhar para chegar lá com boa situação e que isso entre como um a mais", comentou o dirigente, cujo mandato termina em dezembro deste ano.

...

História conturbada

O cruzamento entre a Avenida Olegário Maciel e a Rua Bernardo Guimarães, onde fica o Diamond Mall, já foi o local de jogos do Atlético. O estádio Antonio Carlos foi inaugurado em 30 de maio 1929 com o confronto entre Galo e Corinthians, que terminou em 4 x 2 para o time mineiro.

A história do estádio foi muito conturbada desde o início. O Galo recebeu a área como parte de indenização da desapropriação do Estado do campo da Avenida Paraopeba, a atual Augusto de Lima, para a construção da sede do externato do Ginásio Mineiro, mas acabou abrigando a Escola de Aperfeiçoamento, dirigida pela pedagoga Helena Antipoff. Atualmente, funciona no local o centro de convenções Minascentro.

Após a desapropriação, o governo mineiro disponibilizou uma área na Avenida São Francisco, a atual Olegário Maciel, para o Atlético. Lá foi o campo do Atlético até dezembro de 1970, quando a prefeitura também desapropriou o local para construção de sua sede, o que nunca foi feito. Ali virou um parque e área para espetáculo. A diretoria atleticana recebeu uma compensação financeira por isso.

No entanto, como a prefeitura desvirtuou a finalidade da desapropriação, a diretoria alvinegra entrou em litígio e ganhou, na Justiça, o direito de retrocessão do terreno em 1991. Com a área em mãos novamente, a diretoria negociou o arrendamento por 30 anos do local com o grupo Multiplan, que investiu US$ 80 milhões, à época, para a construção do Diamond Mall.

Vale dizer que em 1996[46] o ordenamento jurídico brasileiro não admitia o Direito de Superfície como Direito Real; as-

---

[46] O Contrato de Arrendamento referido está registrado na Matrícula Imobiliária 61506, livro 2, do Registro Geral do 01º. Ofício de Registro de Imóveis de Belo Horizonte.

sim, o caso concreto supra narrado foi firmado com todas as características de um direito obrigacional, sem, portanto, os traços intrínsecos aos Direitos Reais como a oponibilidade *erga omnes*[47], o poder de sequela e a inconsumibilidade. Isto é, gerou as partes contratantes uma segurança jurídica inferior ao atual Direito de Superfície.

Assim, nos ditames do Código Civil e do Estatuto da Cidade, o Direito de Superfície é um Direito Real que possibilita ao proprietário conceder a outrem, gratuita ou onerosamente, o direito de construir ou de plantar em seu terreno, por tempo determinado ou indeterminado, mediante escritura pública devidamente registrada no Cartório de Registro de Imóveis.[48]

Analisando o esposado no parágrafo anterior, existe doutrina[49] que defende que na verdade o Direito de Superfície possui natureza jurídica tanto de Direito de Propriedade exercida simultaneamente pelo superficiário e pelo concedente como de Direito Real sobre Coisa Alheia. Fundamenta esta doutrina que pode o superficiário exercer sobre a construção ou plantação que erigiu todos os direitos de propriedade (usar, fruir e dispor) sendo, portanto, um "Proprietário Superficiário" sobre o imóvel pelo prazo do Direito de Superfície.

Vale ressaltar o entendimento adotado pelo Enunciado 321 aprovado na IV Jornada de Direito Civil do Conselho da Justiça Federal:

> Os direitos e obrigações vinculados ao terreno e, bem assim, aqueles vinculados à construção ou à plantação formam pa-

---

[47] Oponibilidade contra todos, isto é, direito que pode ser defendido por seu titular contra qualquer pessoa que vier a afligi-lo.
[48] Assim também no Direito Espanhol como leciona Diez Picazo *in* "Sistema de Derecho Civil, v. III. Derecho das Cosas y Derecho Inmobiliario y Registral"
[49] FARIAS, Cristiano Chaves de. & ROSENVALD, Nelson. *Direitos Reais*. Rio de Janeiro: Lúmen Júris, 2006, p. 401.

DIREITO DE SUPERFÍCIE

trimônios distintos e autônomos, respondendo cada um dos seus titulares exclusivamente por suas próprias dívidas e obrigações, ressalvadas as fiscais decorrentes do imóvel.

Peço vênia para transcrever o entendimento de alguns doutrinadores sobre a natureza jurídica do Direito de Superfície:

a) Carlos Roberto Gonçalves[50]: "trata-se de direito real de fruição ou gozo sobre coisa alheia";

b) César Fiuza[51]: "é o direito real sobre um terreno, conferido a uma pessoa, o superficiário, a fim de que nele possa construir e/ou plantar, a título gratuito ou oneroso."

c) Adriano Stanley[52]: "do desdobramento da propriedade em dois domínios: um domínio útil (destinado aquele que retirará da coisa a sua utilidade) e um domínio direto (que caberá ao titular da propriedade);

d) Orlando Gomes[53]: "Por esse direito real temporário de ter uma construção em solo alheio opera-se uma cisão nas faculdades elementares do domínio: o terreno pertence a um proprietário, o prédio, a outro, anulando-se, por este modo, o princípio da acessão imobiliária."

e) Sílvio Venosa[54]: "Cuida-se também de direito real limitado sobre coisa alheia, que apresenta inegáveis vantagens sobre a enfiteuse, embora com muita analogia com esta";

f) Ascensão[55]: "dois direitos reais compostos, portanto direitos reais que integram em si vários direitos reais simples, que naquele perdem a sua autonomia";

---

[50] Op. Cit. p. 412.
[51] FIUZA, César. *Direito Civil: curso completo*. 11ª. Ed. Belo Horizonte: Del Rey, 2008. p.900.
[52] 41 Op. Cit. p. 159.
[53] GOMES, Orlando. *Direitos Reais*. 19ª. Ed. Rio de Janeiro: Editora Forense, 2004. p.317.
[54] Op. Cit.p. 405.
[55] *O Direito de Superfície Agrícola* in Revista de Direito Civil, Imobiliário, Agrário e Empresarial, n. 4, São Paulo: Editora Revista dos Tribunais, 1978.P. 162.

g) Caio Mário[56]: "caracteriza-se como um direito real sobre coisa alheia, e se apresenta como um desdobramento da propriedade";

h) Marco Aurélio S. Viana[57]: "Cuida-se de direito real em coisa alheia, cuja estrutura envolve uma gama complexa de direitos..."

i) Ricardo César Pereira Lira[58]: "é o direito real autônomo, temporário ou perpétuo, de fazer e manter construção ou plantação sobre ou sob terreno alheio; é a propriedade – separada do solo – dessa construção ou plantação, bem como é a propriedade decorrente da aquisição feita ao dono do solo de construção ou plantação nele já existente";

j) Colin et Capitant:[59] "Alguns vêem no direito de superfície, sobretudo naquele que é incompleto, uma variedade de usufruto. Nós distinguimos nos direitos sobre a superfície e sobre o solo duas propriedades distintas superpostas";

k) Cunha Gonçalves[60]: "No antigo direito português considerava-se a superfície como propriedade imperfeita ou domínio menos pleno, doutrina que se aproxima da verdade, pois o direito do superficiário limita, sem dúvida, o direito do proprietário do solo. Contudo, isto não nos esclarece bem a questão da natureza daquele direito. A doutrina dominante, porém, tem-se pronunciado no sentido da existência de duas propriedades paralelas: a do superficiário no suprasolo, ou antes, nos supérfices (edifícios ou plantações) e a do

---

[56] Op. Cit. p. 243.
[57] VIANA, Marco Aurélio S. *Curso de Direito Civil: Direito das Coisas*. Rio de Janeiro: Forense, 2006. p. 280.
[58] Op.cit. p. 15.
[59] COLIN, Ambroise et CAPITANT, Henri. *Cours Élémentaire de Droit Civil Français*. Tome Premier, 4e. édition, Paris: Librairie Dalloz, 1923. P. 790.
[60] GONÇALVES, Luiz da Cunha. *Tratado de Direito Civil em Comentário ao Código Civil Português*. Vol. XI, Tomo I, 1ª ed. bras., São Paulo: Ed. Max Limonad, 1955. P. 410.

proprietário do terreno no solo. E propósito dêste conceito discute-se acerca da duração do direito de superfície, havendo escritores que lhe atribuem duração igual à das outras propriedades visto que não se extingue pelo não uso, o que representa o seu maior inconveniente; e outros, sustentando que a perpetuidade não é da essência do direito de superfície, visto poder êste ser concedido por tempo limitado, consideram-no propriedade temporária. Ambas estas opiniões são parcialmente exactas; e ambas provam que o direito de superfície é, em todo o caso, um direito de propriedade".

Mas a questão não é tão simples, pois, afinal, pergunta-se: durante o prazo da superfície, as construções e plantações pertencem ao patrimônio do concedente ou do superficiário? A resposta imediata é que as acessões são do proprietário do imóvel, pois, finda a superfície a propriedade plena de todo o imóvel passará a ser do concedente. Todavia, como explicaremos mais abaixo, são possíveis, sob a égide do Estatuto da Cidade, superfícies perpétuas, neste caso, excepcionalmente, vislumbra-se a possibilidade de se afirmar que a construção ou plantação é de propriedade do superficiário. Veja-se a lição de César Fiuza[61], quando disserta sobre esta situação jurídica:

... o Município tomba o imóvel de Raphael e lhe confere direito de superfície sobre um terreno público, a título de indenização. Raphael, que tinha a intenção de derrubar o edifício tombado para construir, realiza seu desejo, só que no imóvel público de que é superficiário. Terminada a construção, a próxima etapa será a venda dos apartamentos. Como Raphael poderá vendê-los se não é dono do edifício? A única resposta é que, como no Direito Alemão, a propriedade do edifício é do superficiário. Há, assim, duas propriedades, a do solo e a do edifício nele construído. Esta solução vem atender o interesse público do Direito Urbanístico. Não sendo este o caso, ou seja, não sendo a superfície instrumento de política urbana, instituída *ad perpetuum*, a propriedade do edifício ou da plantação será do dono e a ele reverterá plenamente, extinta a superfície.

---

[61] Op. Cit. p. 906.

Conclui-se que realmente a natureza jurídica do instituto pode ser classificada tanto como um Direito Real sobre Coisa Alheia como um Direito Real de Propriedade desmembrado, na medida em que a existência da Superfície depende da existência da propriedade, tendo, portanto, o superficiário direitos sobre coisa de outrem. Outrossim, os dois pólos da relação jurídica (concedente e superficiário) exercem os direitos de domínio, o primeiro sobre o solo e o segundo sobre as acessões, desdobrando-se a propriedade por todo o curso da Superfície.

5. A Constituição

O Direito de Superfície surge a partir da lavra de Escritura Pública efetivada em qualquer Cartório de Notas do país, posteriormente trasladada no Cartório de Registro de Imóveis responsável pela circunscrição onde se localiza o imóvel em que será erigida a construção ou plantação.

Ressalte-se que não se faz possível levar a registro um documento particular na tentativa de constituir um Direito de Superfície por força do artigo 108 do Código Civil que impõe que validade dos negócios jurídicos que envolvam imóveis de valor superior a trinta salários mínimos está submetida à lavratura de escritura pública. Assim, por determinação dos artigos 104, III e 166, IV, do mesmo código[62] a ausência da forma determinada importará em nulidade do negócio jurídico.

Vale dizer que a simples elaboração da escritura pública sem o registro não fará surgir o Direito de Superfície, apenas

---

[62] Art. 104. A validade do negócio jurídico requer:
...
III – forma prescrita ou não defesa em lei.
Art. 166. É nulo o negócio jurídico quando:
...
IV – não revestir a forma prescrita em lei;

DIREITO DE SUPERFÍCIE

trará às partes envolvidas um Direito Obrigacional, ausentes portanto as características que tornam as relações jurídicas que tem por objeto os Direito Reais mais estáveis que às Pessoais como a oponibilidade *erga omnes*, o poder de sequela, a inconsumibilidade, etc. Tal fato consubstancia-se na necessidade de se tornar público um direito, afinal se uma relação jurídica não é do conhecimento de toda a sociedade, o que se perfaz através de registro, não se torna possível opor contra ela os direitos ali previstos. Não obstante, o artigo 1369 é claro sobre a indispensabilidade da escritura pública ser levada a registro imobiliário.

Na escritura pública que origina o Direito de Superfície deverá constar:

a) Nome e qualificação do concedente e do superficiário;

b) O objeto, isto é, o que deverá ser construído ou plantado de forma pormenorizada, ou seja, todas as características da obra, tais como se é um imóvel comercial ou residencial, número de pavimentos, tipo de acabamento, metragem, bem como qual vegetal ali será plantado, etc.;

c) O prazo de duração caso se submeta às normas do Código Civil, uma vez que no Estatuto da Cidade não existe tal imposição;

d) Se a concessão será gratuita ou onerosa e, no último caso, como ocorrerá a remuneração (mensalmente, anualmente, ao fim do prazo pactuado, em dinheiro ou em dação em pagamento, etc.).

e) Quem será o responsável pelo pagamento dos tributos incidentes sobre o imóvel, lembrando que caso silente o instrumento caberá tal obrigação ao superficiário;

f) O destino da construção ou plantação após o término do Direito de Superfície, vale dizer: se o que foi erigido incorporar-se-á definitivamente ao imóvel passando a ser de propriedade do concedente sem qualquer remuneração ou se o superficiário poderá levantar parcial ou totalmente o que erigiu e/ou fazer jus a um determinado valor. Importante ressaltar que caso omissa a escritura, a primeira hipótese, ou seja, a incorporação definitiva ao patrimônio do concedente do imóvel por completo sem pagamento ocorrerá por força do artigo 1375 do Código Civil e 24 do Estatuto da Cidade.

Muito embora não haja previsão legal, entendo ser possível a constituição de um Direito de Superfície via testamento. Assim, determinado pai poderá através de declaração de última vontade transferir a propriedade de um imóvel a um de seus filhos dando ao outro o direito de construir ou plantar por determinado prazo que, uma vez transcorrido, extinguirá a relação jurídica entre os dois herdeiros testamentários. Observe que na hipótese elaborada, teremos dois herdeiros testamentários, um dos filhos herdará a propriedade do solo e o outro herdará o direito de construir e/ou plantar por determinado tempo, explorando aquilo que erigiu e, naturalmente, auferindo benefícios. Vale dizer que da mesma forma que é indispensável o registro da escritura pública, se faz imprescindível o registro do formal de partilha no cartório competente. Outra hipótese seria através de um legado em que determinada pessoa concede a outra apenas o direito de construir e/ou plantar em determinado imóvel depois de sua morte e após transcorrido o prazo fixado pelo *de cujus* estaria o legatário obrigado a desocupá-lo em favor de algum herdeiro.

Questão controversa diz respeito à possibilidade de se adquirir a propriedade superficiária via usucapião. Maria Helena Diniz[63] defende a tese da possibilidade[64], asseverando: "como negar a usucapião ordinária, p.ex., para uma pessoa que exerce posse sobre uma construção, com *animus* de superficiário,

---

[63] Op. Cit.p. 461
[64] Outros autores também, tais como: César, Fiuza, Carlos Roberto Gonçalves e Marise Pessoa Cavalcanti (obras já citadas), bem como no Código Civil de Portugal em seu art. 1528.

se aquele bem de raiz lhe foi concedido em separado do solo por escritura pública eivada de algum vício?". Todavia não posso concordar com a consagrada autora, afinal, na prática qualquer usucapiente proporia a sua ação com o objetivo de usucapir o imóvel como um todo, pois, uma vez que os requisitos são os mesmos, pergunto: por que não pleitear a propriedade plena do imóvel? E mais, o usucapiente caso requeresse apenas a propriedade superficiária teria que se submeter às restrições originárias do Direito de Superfície ou seria aquisição originária? Assim, em tese poder-se-ia obter a Propriedade Superficiária pela usucapião, contudo, na prática, não vislumbro qualquer possibilidade disto ocorrer.

Tal previsão é feita no Código Civil de Portugal:

> Art. 1528 – O direito de superfície pode ser constituído por contrato, testamento ou usucapião, e pode resultar da alienação de obra ou árvores já existentes, separadamente da propriedade do solo.

Marise Pessoa Cavalcanti defende ainda a possibilidade de se constituir a Superfície via sentença[65], lecionando:

> Para que se configure a hipótese de sentença judicial como meio de constituição pode-se considerar as seguintes possibilidades, a título de exemplificação: o Ministério Público, mediante ação civil pública, requerer a superfície compulsória tendo em vista o não cumprimento da função social da propriedade por parte do proprietário; a Defensoria Pública, na defesa de réu turbador ou esbulhador, via pedido reconvencional.

De fato, esta situação hipotética é concretizável, muito embora, infelizmente, de difícil ocorrência no nosso país.

6. O Conteúdo Econômico

Inexoravelmente o Direito de Superfície possui um enorme conteúdo econômico. Infelizmente, muitas vezes se es-

---
[65] Op. Cit. p. 16.

quece da Ciência da Economia quando se estuda a Ciência Jurídica.

Certamente, no momento em que o magistrado profere uma sentença ele deve ter em mente não apenas os efeitos que sua decisão trará para o Autor e para o Réu. Comumente certas decisões geram na sociedade efeitos inesperados, uma vez que abrem precedentes que impulsionarão no mundo comercial determinado comportamento.

Podemos exemplificar o narrado com o seguinte caso hipotético: imaginemos que os magistrados de um Juizado Especial de determinada cidade comecem a prolatar sentenças limitando os juros compensatórios cobrados por instituições financeiras, reduzindo-os sobremaneira. Certamente, além do aspecto favorável ao mutuário, os bancos que operam naquela comarca deverão adaptar-se ou até reduzir a injeção de recursos na economia, gerando redução de arrecadação tributária, diminuição do meio circulante e do poder de compra da população.

O Direito de Superfície que particularmente nos interessa, possui um grande conteúdo econômico e não apenas jurídico. Como já dito neste trabalho, este instituto além de propiciar ao concedente e ao superficiário grandes benefícios produz efeitos econômicos que interessam à sociedade.

Ora, se existe um imóvel há anos abandonado, sem qualquer utilidade prática, servindo tão somente a esconderijo de malfeitores ou depósito de lixo, com grande dívida de IPTU, insofismavelmente seu proprietário estaria descumprindo a norma prevista no artigo 5º, XXIII, da Constituição que determina que "a propriedade atenderá a sua função social".

Quando se conversa com proprietários de imóveis que se enquadram na situação narrada no parágrafo anterior, o discurso se repete, pois alegam que não existe comprador que pague o preço justo, que não possuem recursos para nele edificar, que se trata de imóvel de vários proprietários e um dos condôminos recusa-se a dissolver o condomínio, etc. De fato, podem ter parcial razão.

Da mesma forma isto pode ocorrer em área rural. Discurso recorrente entre os proprietários de imóveis rurais é a falta de subsídios governamentais para que produzam em larga escala, o que acarreta o desestímulo em investimentos dessa natureza.

O Direito de Superfície surgiu de forma providencial em casos semelhantes aos descritos, esvaziando os argumentos dos parágrafos anteriores. Pois, este proprietário poderá, como relativa facilidade, encontrar um investidor que se proponha a erigir um edifício ou plantação naquele terreno e explorá-lo por determinado prazo.

Observa-se nesta situação que não haverá dispêndio ao proprietário; o construtor não terá que investir vultosa quantia na aquisição do terreno; a Administração Pública incrementará sua arrecadação tributária com o aumento do IPTU ou ITR; evita-se que o município aplique sanções pela subutilização do imóvel como o parcelamento, a edificação ou a utilização compulsória do solo urbano (art. 5º. do Estatuto da Cidade); aumentará a oferta de imóveis residenciais ou comerciais propiciando redução do valor dos aluguéis residenciais e comerciais gerando maiores investimentos; ou seja, alcançar-se-á a almejada função social da propriedade.

Sobre a questão comentam Cristiano Chaves e Nelson Rosenvald[66]:

> Ao contrário dos que possam pensar ser a superfície uma forma de aniquilação do direito de propriedade, em razão da inserção de uma titularidade dentro de outra, configura-se ela como importante mecanismo destinado não somente a ordenar a propriedade urbana e incrementar a sua função

---
[66] Op. Cit. p. 402.

econômica pela diversificação nas formas de utilização, como também a auxiliar ao atendimentos às funções sociais das cidades, principalmente pela possibilidade de redução do déficit habitacional, trazendo em seu bojo regras de Direito Civil e Urbanístico.

O autor português Augusto Penha Gonçalves[67] leciona no mesmo sentido:

> muito particularmente como instrumento técnico-jurídico propulsor do fomento da construção, tão necessário, sobretudo, nos grandes centros populacionais, onde a carência habitacional alimenta, em boa parte dos que neles vivem, uma das angústias do seu quotidiano.

Também assevera Carlos Roberto Gonçalves[68]:

> Verifica-se, destarte, que a reintegração em nosso ordenamento dessa modalidade de direito real, com nova roupagem, atende a razões de ordem sociológica, cujas origens encontram-se na Constituição Federal, que define a exigência dos fins sociais da propriedade.

Demonstrada está a feição de instituto jurídico-econômico-social do Direito de Superfície, na medida em que:

a) propicia injeção de recursos na indústria da construção civil (ou agrícola);

b) aumenta a oferta de empregos na área da construção e agrícola;

c) aumenta a oferta de empregos no comércio, indústria e agricultura, quando a construção/plantação feita pelo superficiário for de natureza empresarial;

d) eleva a arrecadação tributária de IPTU ou ITR;

e) gera maior oferta de unidades habitacionais, reduzindo o custo da moradia;

---

[67] GONÇALVES, Augusto Penha. *Curso de direitos reais*. 2ª. Ed. Lisboa: Universidade Lusíada, 1993. p. 423.
[68] Op.cit. p. 414.

f) reduz o valor dos aluguéis comerciais, diante da maior oferta de imóveis;

g) injeta dinheiro na economia na medida em que o concedente poderá receber valores periódicos pela superfície concedida.

7. O Direito de Superfície no Estatuto da Cidade

Dispõe a Constituição Federal:

CAPÍTULO II
DA POLÍTICA URBANA

Art. 182. A política de desenvolvimento urbano, executada pelo Poder Público municipal, conforme diretrizes gerais fixadas em lei, tem por objetivo ordenar o pleno desenvolvimento das funções sociais da cidade e garantir o bem- estar de seus habitantes.

§ 1º – O plano diretor, aprovado pela Câmara Municipal, obrigatório para cidades com mais de vinte mil habitantes, é o instrumento básico da política de desenvolvimento e de expansão urbana.

§ 2º – A propriedade urbana cumpre sua função social quando atende às exigências fundamentais de ordenação da cidade expressas no plano diretor.

...

§ 4º – É facultado ao Poder Público municipal, mediante lei específica para área incluída no plano diretor, exigir, nos termos da lei federal, do proprietário do solo urbano não edificado, subutilizado ou não utilizado, que promova seu adequado aproveitamento, sob pena, sucessivamente, de:

I – parcelamento ou edificação compulsórios;

...

Prevê a Lei 10.257/01, chamada de Estatuto da Cidade, nos seus artigos 21 a 24, o Direito de Superfície como um dos instrumentos capazes de regulamentar os dispositivos constitucionais supra transcritos.

Sabemos que o Estatuto da Cidade ao contrário do Código Civil possui caráter de norma especial que tem por escopo regulamentar o direito imobiliário e a política urbana, constituindo-se em um microssistema jurídico[69], portanto norma especial com princípios próprios.

Porém, o que mais deve ser ressaltado é que no Estatuto, o Direito de Superfície é "instrumento de política urbana", onde o concedente será sempre pessoa de direito público, enquanto no Código Civil, a Superfície poderá ser constituída entre particulares. Isto é, trata-se de instituto que dispõe a Administração Pública para alcançar os objetivos ligados ao plano urbanístico de uma cidade, bem como, concretizar a aspiração de uma organização citadina que proporcione a seus moradores uma qualidade de vida digna, com melhores condições de tráfego, menor poluição visual, sonora e atmosférica, e, sobretudo, maximizar a consciente utilização dos espaços públicos os harmonizando com os imóveis de particulares.

Fazendo um estudo sistêmico conclui-se que o Direito de Superfície no Código Civil e no Estatuto da Cidade não possui substanciais diferenças, apenas algumas particularidades que podemos esquematizar:

Código Civil (Lei 10.406/02)	Estatuto da Cidade (Lei 10.257/01)
É constituído sempre por prazo determinado, quer em áreas urbanas ou rurais – art. 1369	Pode ser constituído por prazo determinado ou indeterminado, sempre em áreas urbanas – art. 21

---

[69] Lorenzetti *in* Fundamentos de Direito Privado disserta sobre a formação dos microssistemas de Direito Civil justificando a notória descentralização das normas nos grandes códigos.

Em regra não autoriza obra no subsolo – art. 1369, parágrafo único	Permite a utilização do subsolo, desde que atendida a legislação urbanística – art. 21, § 1º
É omisso em relação a ter por objeto o espaço aéreo	Expressamente permite ter por objeto o espaço aéreo, desde que atendida a legislação urbanística – art. 21, § 1º
Determina que o sujeito passivo das obrigações tributárias incidentes sobre o imóvel é o superficiário – art. 1371	De forma pormenorizada determina que as obrigações tributárias serão distribuídas nos termos do documento que deu origem à Superfície, estipulando previamente que o superficiário deve arcar com os encargos e tributos na proporção de sua ocupação efetiva – art. 21, § 3º
Proíbe expressamente a cobrança de valor por ocasião da transferência da Superfície – art. 1372, parágrafo único	É omisso em relação ao pagamento pela transferência
Prevê a extinção por desapropriação – art. 1376	É omisso em relação à extinção por desapropriação

Não impõe expressamente a necessidade de averbação da extinção	Determina que a averbação da extinção no Cartório de Registro de Imóveis é necessária – art. 24, § 2º

Em relação ao prazo, melhor a posição tomada pelo Código Civil, estipulando que a Superfície sempre deve ter prazo determinado, pois este fato traz às partes envolvidas maior segurança jurídica, propiciando ao superficiário ter exata noção do prazo em que poderá explorar sua construção ou plantação e concluir pela viabilidade do empreendimento. Melhor ainda seria se o legislador previsse que o instrumento que dá origem ao instituto devesse estipular prazo mínimo, permitindo às partes resilir unilateralmente a relação mediante notificação à semelhança do art. 473 do Código Civil[70].

Todavia, caso o Direito de Superfície estiver subjugado à possibilidade de uma das partes resilir a relação surgirá significativo problema em relação à indenização pelas benfeitorias realizadas pelo superficiário. Naturalmente, esta questão já deveria estar prevista contratualmente no instrumento que fez surgir a Superfície, porém, se assim não ocorrer, restará a solução prevista no Código Civil, quando dispõe que as benfeitorias necessárias e úteis realizadas pelo possuidor de boa-fé devem ser indenizadas pelo proprietário-concedente[71].

---

[70] Art. 473. A resilição unilateral, nos casos em que a lei expressa ou implicitamente o permita, opera mediante denúncia notificada à outra parte.
Parágrafo único. Se, porém, dada a natureza do contrato, uma das partes houver feito investimentos consideráveis para a sua execução, a denúncia unilateral só produzirá efeito depois de transcorrido prazo compatível com a natureza e o vulto dos investimentos.

[71] Art. 1.219. O possuidor de boa-fé tem direito à indenização das benfeitorias necessárias e úteis, bem como, quanto às voluptuárias, se não lhe forem pagas, a levantá-las, quando o puder sem detrimento da coisa, e poderá exercer o direito de retenção pelo valor das benfeitorias necessárias e úteis.

Em relação ao direito de usar o subsolo e o espaço aéreo, preferível a solução do Estatuto da Cidade. Afinal, mesmo permitindo a obra quando "for inerente ao objeto da concessão" o Código Civil perdeu a oportunidade de alargar o espectro de abrangência do instituto como fez a lei especial quando previu a utilização da "Superfície Aérea", uma vez que situação comum hodiernamente nos centros urbanos é o interesse em proteger os campos visuais de apartamentos evitando que uma nova construção prejudique a aeração, privacidade e aprazibilidade de um imóvel.

Também o Estatuto da Cidade foi mais completo no que concerne à questão tributária, pois concedeu às partes maior liberdade de pactuar a forma pela qual será distribuída a obrigação tributária, sem escusar-se de uma pré-estipulação de proporcionalidade, homenageando o brocardo "quem aufere o bônus arca com o ônus".

Ainda em relação ao aspecto fiscal, deve ser lembrado que nos termos do art. 123 do Código Tributário Nacional[72], independentemente do que o concedente e o superficiário tratarem em relação à distribuição do ônus tributário, tal pacto não pode ser oposto perante a Fazenda Pública Municipal caso o imóvel seja considerado urbano e, por conseguinte sujeite ao pagamento de IPTU (art. 32 do CTN[73]) ou a Fazenda Pública Federal, caso o imóvel seja rural, portanto sujeito ao

---

[72] Art. 123. Salvo disposições de lei em contrário, as convenções particulares, relativas à responsabilidade pelo pagamento de tributos, não podem ser opostas à Fazenda Pública, para modificar a definição legal do sujeito passivo das obrigações tributárias correspondentes.
[73] SEÇÃO II
Imposto sobre a Propriedade Predial e Territorial Urbana
Art. 32. O imposto, de competência dos Municípios, sobre a propriedade predial e territorial urbana tem como fato gerador a propriedade, o domínio útil ou a posse de bem imóvel por natureza ou por acessão física, como definida na lei civil, localizado na zona urbana do Município.

ITR (art. 29 a 31 do CTN[74]), restando, pois, a ação regressiva daquele que pagou o Fisco, sem ter a obrigação contratual, contra o inadimplente.

Por fim, corroborando o entendimento, a I Jornada de Direito Civil promovida pelo Conselho da Justiça Federal, assim proferiu o Enunciado 94: "As partes têm plena liberdade para deliberar, no contrato respectivo, sobre o rateio de encargos e tributos que incidirão sobre a área objeto da concessão do direito de superfície".

No tocante à proibição da cobrança de uma taxa pelo concedente caso ocorra transferência do Direito de Superfície prevista no art. 1372, parágrafo único, do Código Civil, certamente a intenção do legislador foi evitar um exercício potestativo daquele que supostamente possui maior poder econômico em razão da propriedade, o que nos faz lembrar na enfiteuse[75] o instituto do laudêmio[76] que permitia ao senhorio exigir do enfiteuta 2,5% do valor da alienação efetivada.

Em relação à desapropriação, ainda que omisso o Estatuto da Cidade não há motivo para crítica, uma vez que é da

---

[74] SEÇÃO I
Imposto sobre a Propriedade Territorial Rural
Art. 29. O imposto, de competência da União, sobre a propriedade territorial rural tem como fato gerador a propriedade, o domínio útil ou a posse de imóvel por natureza, como definido na lei civil, localização fora da zona urbana do Município.
Art. 30. A base do cálculo do imposto é o valor fundiário.
Art. 31. Contribuinte do imposto é o proprietário do imóvel, o titular de seu domínio útil, ou o seu possuidor a qualquer título.

[75] Código Civil de 1916: Art. 678. Dá-se a enfiteuse, aforamento, ou emprazamento, quando por ato entre vivos, ou de última vontade, o proprietário atribui a outrem o domínio útil do imóvel, pagando a pessoa, que o adquire, e assim se constitui enfiteuta, ao senhorio direto uma pensão, ou foro, anual, certo e invariável.

[76] Código Civil de 1916: Art. 686. Sempre que se realizar a transferência do domínio útil, por venda ou dação em pagamento, o senhorio direto, que não usar da opção, terá direito de receber do alienante o laudêmio, que será de 2,5% (dois e meio por cento) sobre o preço da alienação, se outro não se tiver fixado no título de aforamento.

DIREITO DE SUPERFÍCIE 59

essência do instituto a perda da propriedade para o cumprimento de necessidade, interesse ou utilidade da população, sendo, nos termos do artigo 1275 do Código Civil[77] uma forma de perda da propriedade.

No que tange a necessidade de averbação da extinção na matrícula imobiliária, ainda que não houvesse disposição expressa nas normas ora estudadas, a interpretação sistêmica do registro imobiliário brasileiro assim impõe, afinal se tanto o Estatuto da Cidade quanto o Código Civil exigem o registro para a constituição da Propriedade Superficiária é lógico que para a sua extinção e devida publicidade se faz imprescindível a averbação de seu fim, como dispõe a Lei 6.015/73 (Lei de Registros Públicos):

> Art. 167 – No Registro de Imóveis, além da matrícula, serão feitos.
> I – o registro:
> 1 a 38)...
> 39) da constituição do direito de superfície de imóvel urbano;
> II – a averbação:
> 1 a 19)...
> 20) da extinção do direito de superfície do imóvel urbano.

Estas são as diferenças entre as duas normas. Mas, afinal, qual delas o operador do Direito deve usar? É o problema que passaremos a tratar.

7.1 A harmonização entre o Código Civil e o Estatuto da Cidade

Questão tormentosa na doutrina versa sobre a eventual revogação do Estatuto da Cidade pelo Código Civil ou a coexistência de ambas as normas[78].

---

[77] Art. 1.275. Além das causas consideradas neste Código, perde-se a propriedade: I – por alienação; II – pela renúncia; III – por abandono; IV – por perecimento da coisa; V – por desapropriação.
[78] Venosa é contundente: "Se levarmos em conta a opinião tantas vezes aqui defendida de que o Estatuto da Cidade institui um microssistema,

Partindo do pressuposto (falso) de que existe colidência nas normas, e utilizando-se os critérios básicos de resolução de antinomias, teremos:

a) pelo critério hierárquico não há prevalência, pois ambas as normas são leis ordinárias (Estatuto da Cidade – Lei 10.257 de 10 de julho de 2001, tendo entrado em vigor em 09 de outubro de 2001; e Código Civil – Lei 10.406 de 10 de janeiro de 2002, tendo entrado em vigor em 11 de janeiro de 2003)

b) pelo critério cronológico prevalece o Código Civil por ser norma mais recente;

c) pelo critério da especialidade prevalece o Estatuto da Cidade, uma vez que o Código Civil é norma geral (trata de vários institutos).

Assim, uma vez que o meta-critério de resolução de antinomia determina que no conflito entre a solução cronológica e a especialidade prevalece esta, ou seja, que lei especial derroga lei geral ainda que esta seja mais recente, o Código Civil seria natimorto, isto é, suas normas não teriam aplicabilidade.

Todavia, não entendo que haja prevalência de uma norma em detrimento de outra e sim aplicabilidade diversa de acordo com o caso concreto. Este também é o posicionamento de César Fiuza[79]:

> Como o Código Civil é posterior ao Estatuto da Cidade, pergunta-se se o não teria revogado.

---

tal como o Código de Defesa do Consumidor e a Lei do Inquilinato, portanto, sob essa óptica, o Estatuto vigorará sobranceiro no seu alcance de atuação, e princípio, sobre as demais leis, ainda que posteriores. A matéria, no entanto, é polêmica, e longe está da unanimidade. O desleixado legislador, para dizer o mínimo, poderia ter facilmente dado uma diretriz única e não o fez. Inconcebível que temas idênticos como usucapião e superfície estejam presentes em dois diplomas legais paralelos, sem necessidade de tratamento distinto."Op. cit. p. 407.

[79] Op. Cit. p. 902.

DIREITO DE SUPERFÍCIE

Na verdade, trata-se de dois diplomas distintos; um de caráter geral, o Código Civil, o outro de caráter especial, o Estatuto da Cidade. Assim, o posterior não revogaria o anterior. Poder-se-ia dizer que a superfície urbana seria regulada pelo Estatuto da Cidade, sempre que for instrumento de política urbana.

Inicialmente, exclui-se o Estatuto da Cidade quando o Direito de Superfície incidir sobre imóvel rural[80], em razão do objeto daquela lei previsto no seu primeiro capítulo:

CAPÍTULO I
DIRETRIZES GERAIS
Art. 1º Na execução da política urbana, de que tratam os arts. 182[81] e 183 da Constituição Federal, será aplicado o previsto nesta Lei.

---

[80] Para se distinguir um imóvel urbano de um rural, comumente utiliza-se a norma prevista no art. 32 do Código Tributário Nacional:
Imposto sobre a Propriedade Predial e Territorial Urbana
Art. 32. O imposto, de competência dos Municípios, sobre a propriedade predial e territorial urbana tem como fato gerador a propriedade, o domínio útil ou a posse de bem imóvel por natureza ou por acessão física, como definido na lei civil, localizado na zona urbana do Município.
§ 1º Para os efeitos deste imposto, entende-se como zona urbana a definida em lei municipal; observado o requisito mínimo da existência de melhoramentos indicados em pelo menos 2 (dois) dos incisos seguintes, construídos ou mantidos pelo Poder Público:
I – meio-fio ou calçamento, com canalização de águas pluviais;
II – abastecimento de água;
III – sistema de esgotos sanitários;
IV – rede de iluminação pública, com ou sem posteamento para distribuição domiciliar;
V – escola primária ou posto de saúde a uma distância máxima de 3 (três) quilômetros do imóvel considerado.
§ 2º A lei municipal pode considerar urbanas as áreas urbanizáveis, ou de expansão urbana, constantes de loteamentos aprovados pelos órgãos competentes, destinados à habitação, à indústria ou ao comércio, mesmo que localizados fora das zonas definidas nos termos do parágrafo anterior.
[81] CAPÍTULO II
DA POLÍTICA URBANA
Art. 182. A política de desenvolvimento urbano, executada pelo Poder Público municipal, conforme diretrizes gerais fixadas em lei, tem por

Parágrafo único. Para todos os efeitos, esta Lei, denominada Estatuto da Cidade, estabelece normas de ordem pública e interesse social que regulam o uso da propriedade urbana em prol do bem coletivo, da segurança e do bem-estar dos cidadãos, bem como do equilíbrio ambiental.

Art. 2º A política urbana tem por objetivo ordenar o pleno desenvolvimento das funções sociais da cidade e da propriedade urbana, mediante as seguintes diretrizes gerais:

...

Entretanto, a questão não é simplesmente afirmar que para imóveis rurais aplica-se o Código Civil e para urbanos o Estatuto da Cidade.

Quando analisamos o Direito de Superfície no Estatuto da Cidade constatamos que se trata de um instrumento geral de política urbana. (art. 4º, III, l), ou seja, o conteúdo dos dispositivos presentes nesta lei tem finalidade específica de propiciar ao administrador público efetivar o previsto em outras

---

objetivo ordenar o pleno desenvolvimento das funções sociais da cidade e garantir o bem- estar de seus habitantes.

§ 1º – O plano diretor, aprovado pela Câmara Municipal, obrigatório para cidades com mais de vinte mil habitantes, é o instrumento básico da política de desenvolvimento e de expansão urbana.

§ 2º – A propriedade urbana cumpre sua função social quando atende às exigências fundamentais de ordenação da cidade expressas no plano diretor.

§ 3º – As desapropriações de imóveis urbanos serão feitas com prévia e justa indenização em dinheiro.

§ 4º – É facultado ao Poder Público municipal, mediante lei específica para área incluída no plano diretor, exigir, nos termos da lei federal, do proprietário do solo urbano não edificado, subutilizado ou não utilizado, que promova seu adequado aproveitamento, sob pena, sucessivamente, de:

I – parcelamento ou edificação compulsórios;

II – imposto sobre a propriedade predial e territorial urbana progressivo no tempo;

III – desapropriação com pagamento mediante títulos da dívida pública de emissão previamente aprovada pelo Senado Federal, com prazo de resgate de até dez anos, em parcelas anuais, iguais e sucessivas, assegurados o valor real da indenização e os juros legais.

DIREITO DE SUPERFÍCIE

normas como na Lei de Uso e Ocupação do Solo e no Plano Diretor do Município, pois como afirmam Cristiano Chaves e Nelson Rosenvald[82]:

> O Estatuto da Cidade regula a disciplina urbanística e deseja promover a função social da cidade, tornando-a sustentável e dotada de condições dignas de vida. Já no Código Civil o direito de superfície é um instrumento destinado a atender interesses particulares e necessidades privadas.

Nesse sentido proclamou o Enunciado 93 da I Jornada de Direito Civil promovida pelo Conselho da Justiça Federal:

> As normas previstas no Código Civil, regulando o direito de superfície, não revogam as normas relativas a direito de superfície constantes do Estatuto da Cidade (Lei 10.257/2001), por ser instrumento de política de desenvolvimento urbano.

Pode-se concluir que dependendo da relação jurídica aplicar-se-á o Código Civil ou o Estatuto da Cidade.

A título de exemplo, vamos elencar algumas situações em que se aplicarão as normas do Estatuto da Cidade:

a) O Município poderia cobrar das empresas de telefonia, TV a cabo, energia elétrica, por estas utilizarem o subsolo ou o espaço aéreo de imóveis públicos, constituindo, assim, um Direito de Superfície entre a empresa concessionária (superficiária) e a Administração Municipal (concedente);

b) O Município poderia conceder a um particular o direito de construir um hospital em terreno público, devendo o particular atender também pelo SUS (Sistema Único de Saúde) por determinado prazo, como forma de retribuição pela concessão do imóvel público;

c) A construção de novas vias públicas poder-se-ia constituir via Direito de Superfície, na medida em que o particular construiria uma avenida e como forma de contraprestação

---

[82] Op. Cit. p. 402.

receberia do município uma isenção tributária ou a permissão de cobrar pedágio por determinado período;

d) As escolas nas cidades poderiam surgir a partir da concessão de um terreno do município ao particular para que este, construindo sobre o terreno explore a atividade e como contraprestação conceda determinado número de vagas ao sistema público de ensino ou, após determinada quantidade de anos, desocupe o imóvel e o entregue à administração municipal para que prossiga na atividade escolar na maneira que lhe aprouver.

Conclui-se que se aplicarão as normas do Código Civil sempre que o imóvel estiver em zona rural ou quando o imóvel for urbano e ambas as partes (concedente e superficiário) forem particulares. Ademais, o Estatuto da Cidade deve ser utilizado quando o Direito de Superfície incidir em imóveis citadinos e for instrumento de política urbana, como também pensa Adriano Stanley[83] ao afirmar:

> Com efeito, tem-se entendido que o direito de superfície realizado em áreas urbanas, envolvendo particulares e poder público, será regido pelo que dispõe o Estatuto da Cidade a respeito daquela matéria, restando o instituto da superfície tratado no Código Civil para quando aquele instituto for celebrado entre particulares, sem a participação do poder público, bem como para atender subsidiariamente ao Estatuto da Cidade naquilo que for omisso.

8. O Direito de Superfície por cisão

Ao ler o primeiro artigo que trata do Direito de Superfície no Código Civil, constatamos que a principal obrigação do superficiário é "construir ou plantar" no terreno do concedente.

---
[83] Op. Cit. p. 163.

DIREITO DE SUPERFÍCIE

Isto posto, surge uma questão: é possível constituir uma Superfície incidente em um imóvel já construído, ou seja, é possível que um proprietário de edifício constitua um Direito de Superfície reservando-se a propriedade do solo e transferindo a outrem a propriedade da construção por determinado tempo para que este a explore (inclusive invista em reformas) e após o prazo pactuado restitua a construção ao concedente?

A resposta me parece positiva. Afinal, é princípio do Direito Privado a liberdade de contratar[84] e como não existe proibição na lei, é de se permitir.

Denomina-se esta situação de Superfície por Cisão, como mais completamente explica Marise Pessôa Cavalcanti[85]:

> Note-se que há a possibilidade da superfície se constituir por cisão: a propriedade separada superficiária, efeito da alienação que o *dominus soli* separadamente faz a outrem de construção já existente; efeito da alienação que o *dominus soli* separadamente faz a outrem do solo, reservando-se a construção; ou efeito da alienação separada que o *dominus soli* faz a duas pessoas, transferindo a uma o solo, a outra a construção já existente.

Enunciado 250 aprovado na III Jornada de Direito Civil do Conselho da Justiça Federal, assim dispôs: "Admite-se a constituição do direito de superfície por cisão".

Em sentido contrário, isto é, pela impossibilidade da constituição de Superfície por Cisão, leciona Carlos Roberto Gonçalves[86]:

> "O direito de superfície tem como objeto, como foi dito, as construções e plantações que se levantam no terreno do concedente. O art. 1369 acima transcrito refere-se de modo bem claro a direito de "construir ou plantar".

---

[84] Como no brocardo: "No Direito Privado tudo é permitido, exceto o que a lei proíbe".
[85] Op. Cit. p. 15.
[86] Op. Cit. p. 416.

Destarte, imóvel edificado não está sujeito ao aludido direito, uma vez que o citado dispositivo não prevê a possibilidade de constituição do direito de superfície por *cisão*, admitida nos direitos civis italiano e português. Essa modalidade parte de um imóvel construído ou plantado, no qual já se tenham operado os efeitos da acessão. O dono do imóvel retém em seu domínio o terreno e transfere a outrem, que passa a ser superficiário, a propriedade da construção ou plantação.

De acordo com o sistema adotado pelo Código de 2002, porém, se o imóvel já possuir construção ou plantação não poderá ser objeto de direito de superfície, porque somente o terreno se presta a essa finalidade, salvo se for convencionada a demolição da construção existente para a reconstrução ou construção de outra, ou a erradicação da plantação existente para fins de utilização do terreno para os mesmos fins."

Como disse, não concordo com o entendimento esposado pelo doutrinador. De fato, fazendo uma interpretação literal[87] do artigo 1369 do Código Civil, a outra conclusão não se pode chegar, exceto a defendida por Carlos Roberto Gonçalves.

Acredito, porém, que utilizando-se da interpretação teleológica[88] devemos permitir a Superfície por cisão. Afinal, como comentado, o escopo do instituto cinge-se à possibili-

---

[87] Nos dizeres de Antônio Carlos Cintra do Amaral *in* http://www.celc.com.br/comentarios/pdf/38.pdf acessado em 19/05/2009.: "É frustrante encontrarmos quem ainda busca efetuar uma interpretação estritamente literal das normas jurídicas. São operadores do Direito que, ao invés de indagar sobre o *"sentido"*, a *"ratio"*, a *"finalidade"* da norma, preocupam-se exclusivamente em saber qual é o significado linguístico das palavras contidas no texto legal. O intérprete de uma norma jurídica deve buscar o seu *"sentido"*, sem se ater à literalidade do texto. A interpretação estritamente literal está ultrapassada."

[88] Nos dizeres de Mário Pimentel de Albuquerque, *in* O Órgão Jurisdicional e sua Função.: "Ao lado do método histórico-evolutivo, surge o método teleológico, que visa à interpretação do texto em função da finalidade da lei. Neste método é preciso, também, atender às relações da vida, da qual brotam as exigências econômicas e sociais, procedendo-se à apreciação dos interesses em causa, à luz dos princípios da justiça e da utilidade comum. E tal apreciação não deixa de exigir um certo poder criador, valorizador e vivificador, da parte do intérprete."

dade de dar função social aos imóveis e, ainda, caso constituído sob a égide do Estatuto da Cidade, servir de instrumento de política urbana. Assim, um imóvel edificado, porém abandonado, poderá ser objeto de Superfície, na medida em que o proprietário conceda ao superficiário a exploração do imóvel por determinado prazo e este, o reforme, passando, pois, a produzir riqueza e, conclusivamente, possibilitando dar ao que era inútil à sociedade uma função social, como ressalta Cristiano Chaves e Nelson Rosenvald[89]:

> Parece-nos que neste ponto o legislador agiu de forma tímida, pois a possibilidade de concessão de "superfície por cisão" seria excelente modo de revitalização de edificações mal conservadas, abandonadas pelo tempo, ou de conclusão de obras de edificação que foram paralisadas por desídia ou carência econômica dos proprietários.

9. A proteção da posse[90] e da propriedade exercida pelo superficiário

Dispõe o Código Civil em seu artigo 1197:

> Art. 1.197. A posse direta, de pessoa que tem a coisa em seu poder, temporariamente, em virtude de direito pessoal, ou real, não anula a indireta, de quem aquela foi havida, podendo o possuidor direto defender a sua posse contra o indireto.

Diante da lei temos no Direito de Superfície dois sujeitos: o proprietário-concedente e o superficiário. O primeiro deles possui, durante o prazo que perdurar a Superfície a posse indireta do imóvel, e o superficiário a posse direta, em virtude do direito real que ora estudamos.

---

[89] Op. Cit. p. 404.
[90] Ressalte-se que devemos entender a Posse conforme os ensinamentos de Jhering (*in* Teoria Simplificada da Posse), isto é, nos termos da Teoria Objetiva, uma vez que o artigo 1.196 do Código Civil, a adotou.

Para ser mais preciso: inicialmente o proprietário do terreno não tem sua posse (nem propriedade) desmembrada, conjugando-se em si o direito de usar, gozar, dispor e reivindicar o imóvel em plenitude[91]. Assim, possui amplos poderes para mover contra alguém que eventualmente o ameace, turbe ou esbulhe, as ações de interdito proibitório, manutenção de posse ou reintegração de posse, respectivamente, em razão de seu *ius possessionis*. Poderá também, em razão de sua propriedade, mover ação reivindicatória, contra quem o importune, por possuir *ius possidendi*[92].

Com a constituição do Direito de Superfície tanto a posse quanto a propriedade (para aqueles que defendem a instituição de dupla propriedade[93]) irão se desmembrar.

O Superficiário terá a posse direta do imóvel e o proprietário-concedente a posse indireta. Por consequência e nos ditames do artigo 1197 supra transcrito, caso seja necessá-

---

[91] Nos termos do Código Civil: "Art. 1.228. O proprietário tem a faculdade de usar, gozar e dispor da coisa, e o direito de reavê-la do poder de quem quer que injustamente a possua ou detenha."

[92] Nos dizeres de Gisele Leite *in* Posse: o mais polêmico dos conceitos do direito civil: "O *ius possidendi* (direito de possuir) é a faculdade que tem uma pessoa, por já ser titular de uma situação jurídica, de exercer a posse sobre determinada coisa.O *Ius possessionis* é o direito originado da situação jurídica, independe da preexistência de uma relação.A lei confere ao possuidor, com fundamento no *ius possessionis*, defesas provisórias. Outras vezes, aliada a posse a outros requisitos que compõem o usucapião, a lei converte o *ius possessionis* em propriedade que, a seu turno, gera *ius possidendi* sobre a mesma coisa."
Completa o Tribunal de Justiça de Minas Gerais: "Nesse contexto, cumpre esclarecer a distinção entre *ius possidendi* e *ius possessionis*: o primeiro diz respeito ao direito de posse com fundamento na propriedade, em outro direito real ou mesmo obrigacional (faculdade jurídica de possuir); o segundo, por sua vez, é o direito fundado na posse considerada em si mesma (fato da posse), independentemente do título jurídico que o embasa." (processo 1.0259.07.000720-0/001(1), relator BITENCOURT MARCONDES, data do julgamento 17/08/2007)

[93] Vide os comentários sobre natureza jurídica supra dissertados.

rio, poderá o superficiário fazer uso das ações possessórias para fazer cessar a ameaça (interdito proibitório), a turbação (manutenção de posse) e o esbulho (reintegração de posse) contra o concedente ou qualquer outra pessoa.

Vejamos o que dispõe o Código Civil:

Art. 1.210. O possuidor tem direito a ser mantido na posse em caso de turbação, restituído no de esbulho, e segurado de violência iminente, se tiver justo receio de ser molestado.

§ 1º O possuidor turbado, ou esbulhado, poderá manter-se ou restituir-se por sua própria força, contanto que o faça logo; os atos de defesa, ou de desforço, não podem ir além do indispensável à manutenção, ou restituição da posse.

§ 2º Não obsta à manutenção ou reintegração na posse a alegação de propriedade, ou de outro direito sobre a coisa.

Também na qualidade de possuidor poderá fazer uso do desforço *incontinenti* ou desforço imediato previsto no parágrafo primeiro supra transcrito, como medida de autotutela que autoriza a proteção da posse exercida pelo próprio possuidor, desde que o faça rapidamente e com meios moderados.

Indiscutivelmente, o parágrafo segundo do artigo 1210 supra é de extrema utilidade na prática forense diária, uma vez que ressalta que em sede de ação possessória, como regra, não se discute domínio. Assim, ainda que o réu prove ser proprietário de um bem que é objeto de ação possessória, tal fato (a propriedade) não impede o êxito do Autor.

Destarte, caso o superficiário seja molestado em sua posse, poderá fazer uso das ações possessórias e em nada influenciará a eventual alegação de propriedade pelo réu. Isto poderia ocorrer, por exemplo, se o concedente alienasse o imóvel durante a Superfície e o adquirente, de forma indevida, importunasse, alegando *ius possidendi*, a posse do superficiário. Ademais, o Poder de Sequela[94] conferido àqueles que

---

[94] "O poder de sequela (ou de seguimento) existe em todos os direitos reais. O titular de qualquer *ius in re*, sempre que a coisa que constitui

possuem direitos reais garante ao superficiário o exercício de seus poderes sobre a coisa, perseguindo-a, seja quem for o proprietário, na medida que foi pactuado na constituição da Superfície.[95]

Seguindo o mesmo raciocínio expendido nos parágrafos anteriores, se o Superficiário vier a perder sua posse direta sobre o imóvel, aplicar-se-ão em relação aos efeitos da perda, as normas previstas nos artigos 1214 a 1221 do Código Civil.

Assim, por exemplo, se "A" (superficiário) perder a sua posse para "B" (invasor – possuidor de má-fé) e durante o tempo da invasão ocorrer deterioração na construção erigida por "A", "B" deverá indenizar o superficiário, salvo se provar que mesmo que a invasão não tivesse ocorrido as deteriorações teriam ocorrido (art. 1218). E mais, seguindo a mesma situação hipotética, caso "B" realizasse no imóvel invadido benfeitorias, faria jus a ser ressarcido dos valores gastos com as benfeitorias necessárias, perdendo para "A" as úteis e voluptuárias (art. 1220)[96].

A partir da análise da natureza jurídica do Direito de Superfície, podemos concluir que além da possibilidade de fazer uso das ações possessórias, poderá o superficiário fazer uso da ação reivindicatória. Ou seja, como pode ser considerado proprietário das acessões por ele construídas ou plantadas,

---

o respectivo objecto se encontre sob o domínio de um terceiro, pode actuar sobre ela – pode segui-la – na medida necessária ao exercício do seu direito." (MESQUITA, Manuel Henrique. *Obrigações reais e ônus reais*, Coimbra: Livraria Almedina, 1997, p.80.)

[95] Da mesma forma no Direito Italiano como apregoado por Giovanni Balbi in "Obbligazioni Reale" no verbete 11.

[96] Benfeitorias necessárias são aquelas imprescindíveis à conservação do imóvel, isto é, se não forem realizadas o imóvel sofrerá deterioração. As benfeitorias úteis são as que propiciam valorização no imóvel na medida em que aumentam ou facilitam a sua utilização. As benfeitorias voluptuárias são as realizadas por simples aformoseamento ou conforto.

ainda que de forma resolúvel[97], nos termos do *caput* do artigo 1228 poderá reivindicar a coisa de quem injustamente a possua ou detenha.

Questão interessante que surge é se convém ao superficiário ao sofrer a perda da posse de forma injusta[98] devesse ajuizar uma ação possessória ou reivindicatória. No meu sentir, a resposta é simples: caso o esbulho tenha ocorrido há menos de ano e dia, deverá o superficiário ajuizar a reintegração de posse, pois poderá formular pedido liminar, nos termos do artigo 924 c/c 928 do Código de Processo Civil[99], obtendo mais rapidamente a sua posse. Caso contrário, ou seja, se o superficiário apenas intentar o pedido de reintegração após o prazo de ano e dia do esbulho, entendo conveniente pleitear o pedido reivindicatório, pois o fundamento de seu pedido restringir-se-á à Propriedade Superficiária, que será provada pela simples apresentação da matrícula imobiliária onde consta o registro da Superfície.

Por fim, sendo possuidor e titular de um direito real, o superficiário ainda poderá fazer uso:

a) da ação negatória – que tem por objeto a declaração de inexistência de um direito real (como por exemplo que não

---

[97] Propriedade resolúvel é aquela que está sujeita a se extinguir quando ocorrer um evento futuro e incerto (condição) ou certo (termo). Assim, após o prazo pactuado o superficiário deixará de ser proprietário das construções ou plantações que fez em prol do concedente.

[98] A posse injusta, nos termos do art. 1200, é a que foi obtida violentamente, clandestina ou é precária.

[99] Art. 924. Regem o procedimento de manutenção e de reintegração de posse as normas da seção seguinte, quando intentado dentro de ano e dia da turbação ou do esbulho; passado esse prazo, será ordinário, não perdendo, contudo, o caráter possessório.
Art. 928. Estando a petição inicial devidamente instruída, o juiz deferirá, sem ouvir o réu, a expedição do mandado liminar de manutenção ou de reintegração; no caso contrário, determinará que o autor justifique previamente o alegado, citando-se o réu para comparecer à audiência que for designada.

existe uma servidão[100] sobre o imóvel objeto do Direito de Superfície);

b) da ação confessória – cujo pleito é a declaração de existência de um direito real;

c) de embargos de terceiro – para que sua posse e propriedade seja protegida por eventual lide envolvendo terceiros, como, por exemplo, a penhora da construção erigida pelo superficiário em virtude de dívida do proprietário-concedente;

d) de nunciação de obra nova – tem por escopo proteger o imóvel do superficiário em razão de obras em andamento, fazendo cessar a construção, v.g., caso haja desrespeito às normas do Direito de Vizinhança;

e) de dano infecto – visa cessar prejuízos na construção ou plantação do superficiário decorrentes do caimento de detritos originados de prédios vizinhos.

E o proprietário-concedente também pode fazer uso das ações possessórias e petitórias? Naturalmente, sim. Afinal, como já explicado, nos termos do art. 1197 do Código Civil, durante o prazo do Direito de Superfície a posse é desmembrada, passando o superficiário a deter a posse direta do imóvel e o concedente a posse indireta.

Destarte, com o término do prazo estabelecido na constituição, ou via notificação (nas superfícies com prazo indeterminado do Estatuto da Cidade), caso o superficiário não desocupe voluntariamente o imóvel (ou outras pessoas que estiverem indevidamente o ocupando, como, v.g., locatários do superficiário) poderá o concedente fazer uso da ação de reintegração de posse ou, ainda, da ação reivindicatória.

---

[100] Código Civil: Art. 1.378. A servidão proporciona utilidade para o prédio dominante, e grava o prédio serviente, que pertence a diverso dono, e constitui-se mediante declaração expressa dos proprietários, ou por testamento, e subsequente registro no Cartório de Registro de Imóveis.

Lembrando que apesar do pedido ser o mesmo, qual seja, a posse, a reintegração de posse é decorrente do *ius possessionis* (tem por fundamento a posse) e a reivindicatória do *ius possidendi* (tem por fundamento a propriedade).

Sobre esta questão ensinam Cristiano Chaves e Nelson Rosenvald[101]:

> Há ainda a possibilidade do superficiário reivindicar a coisa de terceiros, bem como ajuizar ações possessórias, em decorrência de agressões ao a seu poder fático sobre o bem, pois é titular da propriedade e posse da área objeto da concessão. A sua legitimidade para o exercício de tais pretensões não exclui a iniciativa autônoma do concedente (proprietário do solo), pois, na qualidade de possuidor poderá também manejar os interditos possessórios.

10. A utilização do subsolo e do espaço aéreo na propriedade superficiária

No início do nosso estudo, observamos que nos termos do artigo 1369 do Código Civil, o legislador vetou que o Direito de Superfície propiciasse obras no subsolo, exceto se fosse inerente ao objeto da concessão. O Estatuto da Cidade por sua vez, de forma oposta, afirmou que a Superfície abrange o direito de utilizar o solo, o subsolo ou o espaço aéreo, atendida, naturalmente, a legislação urbanística.

Em relação ao conflito das normas, remeto o leitor ao item 6 supra.

Uma vez que a regra no Código Civil é a proibição do uso do subsolo, pergunta-se, então, quando o superficiário faria jus a utilizá-lo. A resposta é simples: na construção dos pilares de sustentação de um grande edifício ou sua rede de esgotos, na construção de um estacionamento subterrâneo,

---

[101] Op. Cit. p. 404.

ou ainda, um andar subsolo, desde que seja previsto no documento de constituição e inerente à obra.

Vale ressaltar que a utilização do subsolo não pode afrontar a propriedade que a União tem sobre os recursos minerais (art. 20, IX da Constituição Federal[102]), nem tampouco a propriedade que os Estados tem sobre as águas subterrâneas (art. 26, I, da Constituição Federal[103]).

Em relação ao espaço aéreo, muito embora o Código Civil seja omisso, não vejo qualquer impedimento legal, em razão do disposto na mesma lei:

> Art. 1.229. A propriedade do solo abrange a do espaço aéreo e subsolo correspondentes, em altura e profundidade úteis ao seu exercício, não podendo o proprietário opor-se a atividades que sejam realizadas, por terceiros, a uma altura ou profundidade tais, que não tenha ele interesse legítimo em impedi-las.

De fato é extremamente útil a Superfície que incida sobre espaço aéreo. Imaginemos a seguinte situação: determinado proprietário de dois lotes defrontes ao mar, sendo um deles localizado "aos fundos" do outro. Este proprietário poderá ao alienar o lote "de frente" e em comum acordo com o adquirente, constituir um Direito de Superfície sobre o espaço aéreo, vedando ao possuidor do lote "de frente" construir acima de determinada altura, impedindo-lhe a bela vista do mar.

Um litígio vem ocorrendo no Rio de Janeiro, em caso semelhante, como noticia a revista Veja[104]:

---

[102] Art. 20. São bens da União:
...
IX – os recursos minerais, inclusive os do subsolo
[103] Art. 26. Incluem-se entre os bens dos Estados:
I – as águas superficiais ou subterrâneas, fluentes, emergentes e em depósito, ressalvadas, neste caso, na forma da lei, as decorrentes de obras da União;
[104] http://vejabrasil.abril.com.br/rio-de-janeiro/editorial/m661/perigo-no-horizonte acessado em 15/01/2009.

Perigo no horizonte
Construção de prédio vai acabar com vista eterna do mar de condomínio em São Conrado
Patrick Moraes

Um prospecto desbotado guarda uma promessa antiga. A vista eterna para o mar, anunciada para os moradores do condomínio São Conrado Green à época de sua construção, em 1976, é agora obscurecida pelo projeto de um novo edifício na área das piscinas do Hotel Intercontinental. A Brascan – dona original do terreno do condomínio, vendido à antiga Gomes de Almeida Fernandes (atual Gafisa) – planeja construir um edifício de dezesseis andares no local; as piscinas do hotel serão remanejadas para outra área. "Vão erguer uma muralha e tirar nossa vista. Na hora da compra, também pagamos por ela", reclama o arquiteto Alfredo Pecegueiro. Todos os 360 apartamentos dos cinco prédios de dezoito andares do São Conrado Green têm vista para o mar – e 252 são frontais à praia. O bloqueio da paisagem representaria uma desvalorização de 20% a 30% dos imóveis, avaliados na faixa de 700 000 a 1 milhão de reais. "Se foi garantida a vista eterna no ato da compra, a promessa tem de ser cumprida, e a construção fere o código de defesa do consumidor", afirma o advogado Gérson Ribeiro, especialista em direito imobiliário.

No primeiro ato, contudo, os moradores foram derrotados. O Ministério Público estadual negou uma representação dos condôminos, sob a alegação de que a disputa não é de interesse coletivo. O tombamento da área, proposto por um vereador, também é improcedente. "No máximo, a Câmara pode fazer uma lei que limite a altura do imóvel", afirma o prefeito César Maia. Os moradores devem agora acionar a empresa na Justiça Civil. Por sua vez, a Brascan informa que o Gávea Green Residential já foi aprovado pelos órgãos legais e tem licença para a obra. Já há até um estande de vendas no local. A vista será deslumbrante.

Tal fato extremamente desagradável poderia ter sido evitado caso fosse constituído a época da construção um Direito de Superfície aéreo sobre o imóvel defronte ao mar, como já noticiou a Agência Sebrae de Notícias[105] quando comentou o mesmo caso acima transcrito:

---

[105] http://asn.interjornal.com.br/noticia.kmf?noticia=7569393&canal=36 acessado em 15/01/2009.

Em Ipanema, durante a construção do Residencial Joana Angélica, os empreendedores compraram o espaço aéreo de uma clínica que funciona ao lado do condomínio. Com a negociação, nenhuma construção poderá ultrapassar a altura de 12 metros da atual casa, garantindo a vista dos apartamentos do Residencial Joana Angélica.

II. A Possibilidade de se Instituir Direitos Reais de Fruição e Garantia sobre a Propriedade Superficiária

Questão interessante é sobre a constituição de direitos reais sobre coisa alheia de fruição e/ou de garantia incidente sobre um imóvel sujeito ao Direito de Superfície.

Indaga-se se é possível, v.g., existir uma servidão, usufruto, uso, habitação ou hipoteca sobre a propriedade superficiária.

A resposta parece-me positiva.

Pode o superficiário, quer convencionalmente ou por força de lei, ter a sua construção submetida ao ônus de fazer ou não fazer em prol de um imóvel vizinho, ou seja, pode tornar-se um prédio serviente em relação a outro dominante. Naturalmente, deve ser observado que será uma servidão sob condição resolutiva, pois, uma vez extinta a Superfície, o direito real de servidão, que é acessório em relação à propriedade também se extinguirá, pois "o acessório segue o principal".

Poderá também o superficiário, desdobrar a sua posse direta constituindo sobre a construção ou plantação um usufruto, uso ou habitação, na medida em que entende conveniente ceder a terceiros o direito de usar e fruir, usar ou residir naquilo que construiu. Da mesma forma que na servidão, tais direitos se subordinam a um termo que é a data da extinção da Superfície, quando também serão extintos, retornando ao concedente a posse e propriedade plena do imóvel.

DIREITO DE SUPERFÍCIE

Em relação à hipoteca, certamente, também pode ser constituída. Vejamos uma situação hipotética: determinado superficiário passando por dificuldades financeiras se encontra na necessidade de celebrar um contrato de mútuo com uma instituição financeira que lhe exige uma garantia hipotecária. O superficiário poderá oferecer a construção por ele erigida como garantia do pagamento da dívida. De fato, tal situação dificilmente ocorrerá, pois o mutuante, muito embora possua uma garantia real, esta (a hipoteca no caso) também é acessória em relação à propriedade e, portanto, caso o mutuante tenha que alienar a superfície em razão do inadimplemento do mutuário (superficiário original), o adquirente também estará submetido às regras impostas no momento da constituição da Superfície, dentre as quais o termo de sua extinção.

Nesse sentido o Enunciado 249 da III Jornada de Direito Civil do Conselho da Justiça Federal:

> A propriedade superficiária pode ser autonomamente objeto de direitos reais de gozo e de garantia, cujo prazo não exceda a duração da concessão da superfície, não se aplicando o art. 1474.[106]

Comenta Cristiano Chaves e Nelson Rosenvald[107]:

> Prosseguindo e, em outra direção, parece-nos evidente que o superficiário, na qualidade de proprietário do bem que edificou ou plantou, poderá instituir direitos reais de fruição e garantia sobre a coisa. Ou seja: poderá constituir direito real de usufruto, bem como promover a hipoteca, como forma de garantia para a obtenção do financiamento hábil à edificação da construção (art. 1471, I, do CC[108]). A hipotecabilidade do bem superficiário é um enorme apelo ao tráfego negocial, incenti-

---

[106] Art. 1.474. A hipoteca abrange todas as acessões, melhoramentos ou construções do imóvel. Subsistem os ônus reais constituídos e registrados, anteriormente à hipoteca, sobre o mesmo imóvel.
[107] Op.cit. p. 408.
[108] Art. 1.473. Podem ser objeto de hipoteca:
I – os imóveis e os acessórios dos imóveis conjuntamente com eles;

vando o financiamento habitacional. Acresça-se que o titular do direito real sobre a coisa alheia (v.g., usufrutuário, credor hipotecário) perderá os poderes dominiais no exato momento em que termina a relação jurídica entre o proprietário e o superficiário.

O Código Civil, atendendo aos posicionamentos doutrinários e jurisprudenciais, foi alterado em 31 de maio de 2007 pela Lei 11.481/07, para dispor que a Propriedade Superficiária pode ser objeto de hipoteca, naturalmente fragilizada em razão da limitação temporal de sua duração, nos seguintes termos:

> Art. 1.473. Podem ser objeto de hipoteca:
> ...
> X – a propriedade superficiária.
> ...
> § 2º Os direitos de garantia instituídos nas hipóteses dos incisos IX e X do caput deste artigo ficam limitados à duração da concessão ou direito de superfície, caso tenham sido transferidos por período determinado.

Não obstante, a garantia hipotecária acima explicada, também poderá a Propriedade Superficiária ser objeto de Alienação Fiduciária em Garantia[109], nos termos da Lei 9.514 de 1997:

> § 1º A alienação fiduciária poderá ser contratada por pessoa física ou jurídica, não sendo privativa das entidades que operam no SFI, podendo ter como objeto, além da propriedade plena:
> ...
> IV – a propriedade superficiária.
>
> § 2º Os direitos de garantia instituídos nas hipóteses dos incisos III e IV do § 1º deste artigo ficam limitados à duração da concessão ou direito de superfície, caso tenham sido transferidos por período determinado.

---

[109] Nos ditames do art. 22 da Lei 9.514/97, a alienação fiduciária é "o negócio jurídico pelo qual o devedor, ou fiduciante, com o escopo de garantia, contrata a transferência ao credor, ou fiduciário, da propriedade resolúvel de coisa imóvel."

Também em relação à Alienação Fiduciária, em razão do disposto no parágrafo segundo supra, na prática dificilmente ocorrerá o financiamento de uma propriedade superficiária, afinal, a garantia do fiduciário estará limitada ao tempo que perdurar os direitos do superficiário-fiduciante, esvaindo, sobremodo, a garantia real concedida.

12. O Direito de Sobreelevação

Imaginemos a seguinte situação: "A" proprietário de um grande terreno constitui um direito de superfície com "B", este obrigando-se a construir um edifício de dois andares e a explorá-lo como um *shopping center* por trinta anos, quando então cessará o seu direito de superficiário e retornará para "A" a posse e a propriedade plena do imóvel edificado. Após um ano de obras, inicia-se a exploração do centro de compras. Transcorrido nove anos da exploração, o superficiário "B" é procurado pelo investidor "C" ofertando-lhe vultosa quantia de dinheiro para que o superficiário lhe ceda a cobertura da edificação para que ele construa quadras de esportes e as explore por dez anos.

Ou seja, é possível a constituição de "sub-superfície" ou "superfície de segundo grau", ou ainda, como prefere o Código Civil Suíço "Direito de Sobreelevação"? A resposta me parece positiva. A situação se configuraria com a presença de três personagens: o proprietário-concedente, o superficiário e o sub-superficiário, este último detentor do direito de sobreelevação.

Veja que não se trata de Condomínio Edilício[110], em que existe repartição da propriedade a várias pessoas, cada qual

---

[110] Em sentido contrário disserta Ascensão citado por Marise Pessôa ao comentar o Código Civil de Portugal : " a constituição do direito está sujeita às regras da superfície e às limitações da propriedade horizontal.

com sua fração ideal[111], no direito de sobreelevação os três sujeitos da relação jurídica exercem seus direitos de forma autônoma.

Assim, no caso hipotético acima narrado, "A" proprietário tem o direito de exigir de "B" e consequentemente de "C" a posse e a propriedade plena do imóvel transcorrido o prazo de trinta anos pactuado, bem como, "B" tem o direito de exigir de "C" a desocupação das quadras transcorridos os dez anos contratualmente estabelecidos.

Embora haja omissão do texto legislativo, entendo que não existe qualquer impossibilidade jurídica de se constituir um direito de sobreelevação, haja vista que tratando-se de direito privado, a relação em particulares é livre, desde que não se encontre óbice no direito, homenageando-se, assim, a liberdade de contratar.

Neste sentido leciona Marise Pessôa Cavalcanti[112]:

> Curiosa é a construção jurisprudencial e doutrinária suíça, citada pelo Dr. José Guilherme Braga Teixeira, que admite a superfície da superfície ou subsuperfície, denominando-a *superfície au deuxième degré*.
>
> Saliente-se que há unanimidade na doutrina pátria em ressaltar que, tudo que seja passível de ser objeto de acessão, em princípio, pode ser objeto da superfície, já que esta tem como característica fundamental suspender o efeito aquisitivo da acessão.
>
> O maior atributo do Homem é a liberdade! O poder extraordinário de exercer o livre-arbítrio conferido por Deus.

De fato, repito, não vejo qualquer proibição à instituição de uma Superfície em terreno já erigido. Afinal, da mesma forma que cumpre função social quem constrói ou planta em

---

Sendo que, uma vez acrescentado o edifício, a situação reger-se-á inteiramente pelas regras da propriedade horizontal."
[111] Como expliquei *in* Condomínio em Edifícios, p. 22. "Verdadeiramente, a conjugação entre a propriedade exclusiva das unidades autônomas e a co-propriedade das partes comuns, melhor tem explicitado a natureza jurídica do condomínio."
[112] Op. Cit. p. 64.

terreno alheio, aquele que faz melhorias, reforma ou amplia, também proporciona ao imóvel, potencialmente, maior utilidade e, por consequência, melhor função social.

Outro exemplo hipotético seria a possibilidade de se reformar e ampliar uma construção inacabada em determinado imóvel. Tal situação é muito comum em grandes cidades, quer em razão de embargos promovidos pela municipalidade devido à inobservância de normas de ocupação do solo quer motivada pela falência da construtora, que se tornam esconderijo de marginais ou depósito de lixo, e após a adaptação aos padrões e o término da obra, poderiam tornar-se úteis a todos.

Com isso, a administração municipal resolveria o problema do depósito irregular de lixo, o proprietário do solo se eximiria de responder pelos prejuízos causados pelo abandono da construção e o superficiário, ao explorar a construção (reforma ou ampliação), poderia auferir significativo lucro.

Comenta Venosa[113] sobre o tema:

> O Código Civil de 2002 se refere apenas ao direito de o superficiário construir ou plantar, não mencionando o direito correlato, mencionado pelo Código português, qual seja, o de manter no local as plantações ou construções já existentes. Parece ser inafastável também essa possibilidade em nosso direito, por participar da natureza do instituto, não havendo razão para a restrição, embora não seja imune a dúvidas em nossa opinião. Desempenha importante função social não só quem constrói e planta, mas também quem mantém plantações ou construções já existentes no terreno de outrem. Veja, por exemplo, a situação de um prédio inacabado ou abandonado que o superficiário se propôs a terminar ou manter. Trata-se do que a doutrina lusitana denomina direito de sobreelevação, que não contraria nossa legislação. Nesse sentido se coloca também o Estatuto da Cidade, que citaremos a seguir. Essa lei dispõe que o direito concedido é para o superficiário utilizar o solo, subsolo ou espaço aéreo, de forma geral. No direito italiano também se admitem as duas modalidades de concessão,

[113] Op. Cit. p. 405.

para manter uma construção existente ou para a edificação de construção nova. O Projeto número 6960/2002, atendendo a esses aspectos, apresentou redação nova a esse dispositivo que menciona igualmente o direito de o concessionário executar benfeitorias em edificação, também se referindo à utilização do solo, subsolo e ao espaço aéreo, na forma estabelecida em contrato e obedecida a legislação urbanística.

13. O Aspecto Temporal

Como já foi comentado, o Direito de Superfície nos ditames do Código Civil será sempre temporário, não podendo ocorrer perpetuidade na relação entre proprietário-concedente e superficiário, sob pena de descaracterizá-lo e, afrontar o princípio do *superfícies solo cedit* (o que se acresce ao solo é de propriedade do dono da terra).

De fato, é intrínseco à Superfície a sua transitoriedade, pois, a contra-prestação que o concedente aufere com a transmissão da posse direta ao superficiário para que este explore o imóvel, não pode se perpetuar no tempo, sob pena de sofrer um desequilíbrio contratual, tornado-se hipossuficiente em relação à potestade do superficiário no aspecto temporal.

O Código Civil, acertadamente, determinou no artigo 1369 que o próprio ato de constituição do Direito de Superfície fixasse um prazo de duração. Com isso, as partes envolvidas terão maior segurança jurídica em sua relação, podendo calcular se existe equilíbrio nas prestações e, realmente, se os direitos e deveres envolvidos lhes são interessantes.

Destarte, os direitos do superficiário são resolúveis, pois se subordinam a um evento futuro, qual seja, a data pactuada na constituição da Superfície, quando então o proprietário voltará a ter a posse plena do imóvel, consolidando-se na mesma pessoa o domínio do terreno e das construções/plantações erigidas pelo superficiário.

Importante salientar que, como veremos adiante, a morte do concedente ou a alienação do terreno não acarreta, por si só, a extinção da Superfície. Afinal, por se tratar de um Direito Real, o poder de sequela se faz presente, permitindo ao superficiário exercer todos os seus direitos (e permanecer com os deveres) até o término do prazo fixado perante os herdeiros do proprietário. Igualmente, graças ao direito de *saisine*[114] e a sequela, a morte do superficiário também não extinguirá a Superfície, uma vez que seus herdeiros legítimos e testamentários continuarão a exercer os direitos de seus antecessores tais quais receberam, com oponibilidade *erga omnes*[115].

Desta forma, caso ocorra a transferência da qualidade de concedente ou de superficiário, seja por que motivo for (ven-

---

[114] Direito de *Saisine* é o imperativo previsto no art. 1784 do Código Civil que determina que a morte acarreta a transmissão da posse e da propriedade dos bens do falecido a seus herdeiros. Ou como disserta Luís Camargo Pinto de Carvalho: "O vocábulo *saisine*, numa tradução vulgar, a significar "posse de bens", vem do verbo saisir, que dentre os seus vários sentidos tem o de apoderar-se (de um bem), que é o que mais se aproxima do que nos interessa.Sua origem estaria no direito feudal. Etimologicamente, saisir vem da palavra latina sacire, contida em leis bárbaras, que por sua vez resultaria de duas palavras francas, *sakjan, com o sentido de reivindicar, e *satjan, com o sentido de pôr, colocar, apossar-se, tendo sido empregada pela primeira vez no ano de 1.138.O Petit Larousse atribui-lhe significado estritamente jurídico: Droit à la prise de possession de biens d'un défunt à l'instant même du décès et sans autorization préalable de justice.(Ce droit est conféré par la loi aux héritiers ab intestat ou par le défunt à son exécuteur testamentaire)". Pontes de Miranda a aportuguesa para a palavra saisina (Tratado, v. 55, p. 16, § 5.587), registrada apenas pelo recém-publicado Dicionário Houaiss, que lhe atribui o sentido técnico-jurídico: "direito de possuir por imperativo da lei, ou posse que o direito dá de forma diversa do ato de possuir [Expressão do direito feudal do s. XII]".

[115] "Podem defender (opor) a sua posse direta e os demais direitos de seu antecessor contra qualquer pessoa, pois ser oponível *erga omnes* é o mesmo que ser oponível contra todos." In *Saisine* e Astreinte, colhido do site http://www.irineupedrotti.com.br/acordaos/modules/news/article.php?storyid=3171, acesso em 20/01/2009.

da, permuta, dação em pagamento, morte, etc.) o adquirente estará submetido as disposições contratuais estabelecidas no ato de constituição de condomínio, mormente em relação ao prazo. Assim, se a superfície foi constituída para perdurar por 50 (cinquenta) anos e se, eventualmente, o concedente falecer durante este prazo, seus herdeiros deverão respeitar os direitos do superficiário até que o prazo pactuado transcorra por completo.

Por sua vez, o Estatuto da Cidade (Lei 10.257/01), bem como o Código Civil português, suíço, italiano e o de Quebec, permitem a constituição do Direito de Superfície por prazo indeterminado.

Com respeito ao legislador, melhor seria se estabelecesse, pelo menos, a disposição de prazo mínimo de duração, sob pena de permitir às partes contratantes a resilição unilateral do contrato, retirando da outra a almejada segurança jurídica, na medida em que uma das partes, exercendo sua potestade, poderia gerar prejuízo significativo a outra. Nesse sentido, disserta Diana Coelho Barbosa[116]:

> Parece-nos, contudo, que a concessão em caráter perpétuo não mais se coaduna com a feição social que hoje se atribui à propriedade e, em conseqüência, ao próprio instituto, o que tem impulsionado os legisladores, no que tange à ocupação das terras, a desestimularem a formação de relações que se protraiam indefinidamente no tempo, procurando, dessa forma, evitar a especulação em torno delas e o enriquecimento de poucos.

Imaginemos, por exemplo, um superficiário que tenha construído um enorme edifício em determinado terreno, na esperança de explorá-lo como supermercado por vários anos e, repentinamente, recebe uma notificação do proprietário resilindo a Superfície e requerendo a desocupação do imóvel, seu prejuízo material e eventualmente moral, seriam

---

[116] Op. Cit. p. 97.

imensos. É claro que em uma sociedade capitalista[117], onde o acesso à informação flui, seria pouco imaginável a ocorrência de tal situação, porém, em comunidades carentes[118] onde a propriedade do solo é de poucos, tal situação poderia ocorrer entre um plantador que suportará grande prejuízo ao se ver privado da colheita de sua safra por resilição contratual, restando-lhe se socorrer ao Poder Judiciário na tentativa, certamente demorada, de evitar o enriquecimento sem causa do proprietário do solo, exigindo deste sua justa remuneração pelos investimentos que fez.

Afinal, caso ocorra a resilição unilateral operada pelo concedente, aplicar-se-ia o disposto no artigo 473, parágrafo único, do Código Civil[119], pois tal dispositivo permite ao superficiário, em tese, se opor à denúncia imotivada, uma vez que poderá se recusar a desocupar o imóvel enquanto não transcorrido prazo compatível com a natureza e o vulto dos investimentos que fez.

Conclui-se, assim, que caso a Superfície tenha sido constituída sem prazo determinado, caberá à parte que pretende resilir interpelar previamente a outra, concedendo prazo razoável para que desocupe o imóvel, caso a iniciativa seja do concedente, ou para receber a posse direta do bem, caso a resilição seja de iniciativa do superficiário.

---

[117] Wolkmer *in* Pluralismo Político disserta sobre as exigências ético-políticas diante de um capitalismo periférico, enfocando a necessidade de se construirem novos padrões normativos que harmonizem o comportamento social com o Direito.
[118] Tepedino *in* Problemas de Direito Civil na página 463, ressalta que o conceito tradicional de propriedade que concede a seu titular o uso, gozo e disposição da coisa deve ser compreendido à luz de um Princípio Jurídico maior, qual seja, a Dignidade da Pessoa Humana.
[119] Art. 473. A resilição unilateral, nos casos em que a lei expressa ou implicitamente o permita, opera mediante denúncia notificada à outra parte. Parágrafo único. Se, porém, dada a natureza do contrato, uma das partes houver feito investimentos consideráveis para a sua execução, a denúncia unilateral só produzirá efeito depois de transcorrido prazo compatível com a natureza e o vulto dos investimentos.

Cristiano Chaves e Nelson Rosenvald[120] fazem uma crítica ao legislador por não ter previsto a norma prazos mínimos e máximos de duração do Direito de Superfície. Tal consideração, com respeito, não é cabível, uma vez que não condiz com os ditames da liberdade de contratar e dos demais aspectos principiológicos do Código Civil, que procuram permitir aos particulares pactuarem de acordo com seus interesses, desde que atuem com boa-fé, probidade e atendendo às funções sociais dos contratos[121], conforme estabelecem os artigos 421 e 422 do Código Civil:

> Art. 421- A liberdade de contratar será exercida em razão e nos limites da função social do contrato.
>
> Art. 422- Os contratantes são obrigados a guardar, assim na conclusão do contrato, como em sua execução, os princípios de probidade e boa-fé.

Ressalte-se que não se pode confundir prazo indeterminado com perpetuidade, o que é, em princípio, proibido no Direito de Superfície, por afrontar sua própria essência, como explicado acima.

Todavia, podem-se vislumbrar algumas situações em que a superfície poderia ser constituída perpetuamente quando sob a égide do Estatuto da Cidade, visando, contundentemente, a dar função social à propriedade. Vejamos uma situação hipotética: "A" proprietário de um grande terreno em área urbana de um município contrata com "B", devendo o primeiro ceder ao segundo a posse direta do imóvel para que construa um enorme edifício de apartamentos. Finda a construção, "A" e "B" passariam a explorar conjuntamente e de forma perpétua os apartamentos, alugando-os a terceiros

---

[120] Op. Cit. p. 406.
[121] Van Caenegam *in* Uma introdução histórica ao direito privado, ao realizar um estudo histórico do Direito Privado narra que na Idade Média o Direito caracterizou-se pela omissão ao combate às desigualdades sociais, justamente o contrário do que se observa nos dias atuais.

DIREITO DE SUPERFÍCIE

e repartindo o valor auferido, para sempre. Com isto, aquele grande terreno que não cumpria a sua função social no município passa a sediar vários lares, bem como, a propiciar a ambas as partes uma retribuição financeira oriunda dos aluguéis e, ainda, gerando empregos (na construção civil e na manutenção do edifício), arrecadação tributária maior (pois o IPTU multiplicar-se-á em razão do desmembramento do terreno em apartamentos), etc.

César Fiuza[122] também defende esta possibilidade e, com inteligência, disserta e exemplifica:

> Se a superfície for instituída em prédio citadino, como instrumento de política urbana, a fim de destacar o direito de construir da situação de propriedade, poderá ser temporária ou até mesmo perpétua, transmitindo-se aos herdeiros do superficiário. Trata-se de interesse público que o superficiário não perca seu direito pelo decurso do tempo ou pelo implemento de condição resolutiva. Como exemplo, poderíamos citar o seguinte: o Município tomba o imóvel de certo cidadão e lhe confere direito de superfície sobre um terreno público, a título de indenização. Se era intenção deste indivíduo derrubar o edifício tombado para construir, poderá realizar seu desejo, só que em outro imóvel. Como o dono do solo superficiário será o Município, quem construísse ficaria em situação extremamente desconfortável se o direito de superfície tivesse prazo determinado. Assim, achou por bem o Estatuto da Cidade permitir a superfície perpétua.

14. A Retribuição Monetária pela Concessão do Direito de Superfície

Dispõe o Código Civil:

> Art. 1370 – A concessão da superfície será gratuita ou onerosa; se onerosa, estipularão as partes se o pagamento será feito de uma só vez, ou parceladamente.

---

[122] Op. Cit. p. 905.

Por sua vez, dispõe o Estatuto da Cidade:

Art. 21 –...

§2º. A concessão do direito de superfície poderá ser gratuita ou onerosa.

Analisando os dispositivos legais supra transcritos não podemos concluir que o Direito de Superfície possa ser entendido como um contrato gratuito ou oneroso, ou seja, os contratos que geram proveito material para apenas uma das partes ou para ambas, respectivamente, não é isto.

A norma apenas permitiu que o concedente estabeleça no documento constitutivo que haverá retribuição monetária (com ou sem atualização) por parte do superficiário durante o tempo que explorar o imóvel, ou, simplesmente, a contraprestação pela concessão será a devolução do imóvel com a construção ou plantação erigida pelo superficiário.

O legislador do Código Civil, ainda de forma desnecessária, permitiu que as partes pactuem que o pagamento realizado pelo superficiário seja realizado de uma só vez ou, a semelhança dos aluguéis, periodicamente.

Tomando por analogia o Direito de Enfiteuse (mais à frente faremos uma breve exposição), denomina-se *solarium, pensio* ou *cânon superficiário* a remuneração paga parceladamente pelo superficiário ao concedente, caso assim tenha sido estipulado.

De fato, as negociações entre o proprietário e o superficiário em relação à existência de prestação pecuniária por parte do último, estará intimamente ligada a dois aspectos: a grandiosidade da construção ou plantação e, sobretudo, o tempo de duração do Direito de Superfície.

Afinal, se o superficiário encarrega-se de construir um enorme edifício em área valorizada de uma cidade e sua exploração ocorrer por breve período de tempo, naturalmente, não admitirá que além de perder para o proprietário a edificação ainda deva onerar-se pecuniariamente. Por outro lado, se a concessão perdurar por muitos anos e a benfeitoria não for de significativo valor, provavelmente, o superficiário além de perder para o concedente a construção que fez, pagará algum valor (quer periódico quer uno) ao concedente.

Ainda é possível, como por similitude no caso do Shopping Diamond Mall em Belo Horizonte/MG (veja o item natureza jurídica supra), que o superficiário ao invés de desembolsar dinheiro para entregar ao concedente, o retribua através de uma participação nos frutos que este colher.

Assim, o superficiário pode pactuar com o concedente que irá construir um edifício residencial no imóvel, alugando as unidades residenciais a terceiros pelo prazo do Direito de Superfície, garantindo ao concedente um determinado percentual do valor auferido com os aluguéis (frutos civis). Ou ainda, caso a Superfície tenha por objeto a plantação de determinada cultura, seja garantida parte da safra (frutos naturais) ao concedente.

Naturalmente, o inadimplemento da obrigação que ora estudamos, gerará ao concedente dois direitos. O primeiro, obviamente, será o ajuizamento da ação de cobrança ou de execução (caso o título seja líquido, certo e exigível) e, como veremos mais adiante, pleitear a extinção do Direito de Superfície por descumprimento de cláusula contratual.

Conclui-se, assim, que a relação "tempo da Superfície X valor investido" será o parâmetro para fixação de eventual retribuição monetária por parte do superficiário, isto é, quanto maior o tempo de duração da concessão maior será a tendência em ocorrer retribuição monetária. Por outro lado, quanto mais alto for o valor das construções ou plantações erigidas pelo superficiário, menor será a probabilidade de ocorrer prestação em pecúnia.

15. Aspectos Tributários e outros Encargos

Dispõem o Código Civil e o Estatuto da Cidade, respectivamente:

Art. 1.371. O superficiário responderá pelos encargos e tributos que incidirem sobre o imóvel.

Art. 21. ...

§ 3º O superficiário responderá integralmente pelos encargos e tributos que incidirem sobre a propriedade superficiária, arcando, ainda, proporcionalmente à sua parcela de ocupação efetiva, com os encargos e tributos sobre a área objeto da concessão do direito de superfície, salvo disposição em contrário do contrato respectivo.

Quanto à responsabilidade tributária de impostos que incidem sobre propriedade territorial, dispõe o Código Tributário Nacional:

Imposto sobre a Propriedade Territorial Rural

Art. 29. O imposto, de competência da União, sobre a propriedade territorial rural tem como fato gerador a propriedade, o domínio útil ou a posse de imóvel por natureza, como definido na lei civil, localização fora da zona urbana do Município.

Art. 30. A base do cálculo do imposto é o valor fundiário.

Art. 31. Contribuinte do imposto é o proprietário do imóvel, o titular de seu domínio útil, ou o seu possuidor a qualquer título.

Imposto sobre a Propriedade Predial e Territorial Urbana

Art. 32. O imposto, de competência dos Municípios, sobre a propriedade predial e territorial urbana tem como fato gerador a propriedade, o domínio útil ou a posse de bem imóvel por natureza ou por acessão física, como definido na lei civil, localizado na zona urbana do Município.

§1º. ...

§2º. ...

Art. 33. A base do cálculo do imposto é o valor venal do imóvel. Parágrafo único. ...

Art. 34. Contribuinte do imposto é o proprietário do imóvel, o titular do seu domínio útil, ou o seu possuidor a qualquer título.

Por serem extremamente relevantes neste estudo, devem, ainda, ser ressaltados os artigos 123 e 128 do Código Tributário Nacional:

Art. 123. Salvo disposições de lei em contrário, as convenções particulares, relativas à responsabilidade pelo pagamento de tributos, não podem ser opostas à Fazenda Pública, para modificar a definição legal do sujeito passivo das obrigações tributárias correspondentes.

Art. 128. Sem prejuízo do disposto neste capítulo, a lei pode atribuir de modo expresso a responsabilidade pelo crédito tributário a terceira pessoa, vinculada ao fato gerador da respectiva obrigação, excluindo a responsabilidade do contribuinte ou atribuindo-a a este em caráter supletivo do cumprimento total ou parcial da referida obrigação.

A par do direito positivo, passaremos ao estudo das questões tributárias (ITR, IPTU, contribuições de melhorias, taxas municipais, etc.) e outros encargos (energia, água, despesas condominiais, etc.) que envolvem o Direito de Superfície.

Inicialmente, ao ler o artigo 1371 do Código Civil, pode-se afirmar que o sujeito passivo único e exclusivo de todos os encargos e obrigações tributárias é a pessoa do superficiário durante o prazo que explorar a construção ou plantação.

Assim, o Imposto sobre a Propriedade Territorial Rural (ITR), o Imposto sobre a Propriedade Predial e Territorial Urbana (IPTU), taxas municipais de coleta de lixo, iluminação pública, entre outras, teriam como único sujeito passivo o superficiário.

Mas a questão não é tão simples. Em homenagem à liberdade de contratar, o Estatuto da Cidade de forma mais percuciente que o Código Civil[123], previu a hipótese de as partes

---

[123] Houve proposta (PL n. 6960/2002) de alteração do Código Civil para compatibilizá-lo com o Estatuto da Cidade, todavia o parecer de Vicen-

envolvidas, pactuarem a forma pela qual será distribuída a responsabilidade por encargos e tributos incidentes sobre o imóvel e, ainda, na segunda parte do parágrafo 3º do artigo 21, dispôs que caso omisso o contrato, o ônus tributário será repartido na proporção da área objeto da concessão.

Neste sentido o Enunciado número 94 da I Jornada de Direito Civil do Conselho da Justiça Federal:

> As partes têm plena liberdade para deliberar, no contrato respectivo, sobre o rateio dos encargos e tributos que incidirão sobre a área objeto da concessão do direito de superfície.

Desta forma, se o superficiário tiver a posse direta de 80% de um imóvel rural onde plantou, pagará, por óbvio, 80% do Imposto Territorial Rural que incidir sobre a totalidade da área. Se o imóvel for urbano, existirá um complicador, pois o valor da construção vem, em certos municípios, de forma separada da terra nua. Quando isto ocorrer, deverão as partes, caso não tenham pactuado em sentido diverso, apreciar o valor do imposto antes da construção e cotejá-lo com o valor após as obras erigidas pelo superficiário, para assim, poderem distribuir entre as partes (concedente e superficiário) o ônus tributário na medida do grau de utilidade do imóvel para cada.

Extremamente importante é ressaltar que nos termos dos artigos 31 e 34 do Código Tributário Nacional, ao contrário do que muita gente pensa, não é somente o proprietário o responsável pelo pagamento do ITR e do IPTU.

O CTN é cristalino ao estabelecer que existe uma solidariedade passiva tributária entre o proprietário e qualquer pos-

---

te Arruda o rejeitou, nos seguintes termos: "Favorável a manutenção do texto, pois a redação atual mostra-se mais adequada, já que em se tratando de direito real, a obrigação é do superficiário. Se houver estipulação em contrário, é obrigação de caráter contratual, e obriga o proprietário a ressarcir o superficiário pelo pagamento efetuado".

suidor do imóvel. Assim, nos termos dos artigos 1196 e 1228 do Código Civil[124], a Fazenda Pública Federal poderá cobrar o Imposto Territorial Rural e a Fazenda Pública Municipal o Imposto Predial e Territorial Urbano tanto do proprietário quanto do superficiário, ou mesmo de ambos. Não obstante, como assevera o artigo 123 do CTN, ainda que concedente e superficiário tenham estabelecido na escritura pública a responsabilidade tributária exclusiva a uma das partes, tal pacto não poderá ser oposto contra a Fazenda Pública em caso de eventual cobrança. Naturalmente, caso a parte que venha a pagar os tributos não seja aquela a quem incumbia tal obrigação nos termos da escritura pública, poderá, via ação de regresso, ou seja, após a quitação com o ente estatal, exigir do responsável tributário contratual o reembolso daquilo que despendeu.

Vale dizer que, como discorrerei mais à frente, que a inadimplência no pagamento dos encargos e tributos por parte daquele que se obrigou na escritura pública, poderá acarretar a extinção da Superfície, gerando para o inadimplente todas as sanções previstas no contrato, bem como, as decorrentes de qualquer obrigação civil (artigos 389 a 393 do Código Civil[125]).

---

[124] Art. 1.196. Considera-se possuidor todo aquele que tem de fato o exercício, pleno ou não, de algum dos poderes inerentes à propriedade.
Art. 1.228. O proprietário tem a faculdade de usar, gozar e dispor da coisa, e o direito de reavê-la do poder de quem quer que injustamente a possua ou detenha.

[125] TÍTULO IV
Do Inadimplemento das Obrigações
CAPÍTULO I
Disposições Gerais
Art. 389. Não cumprida a obrigação, responde o devedor por perdas e danos, mais juros e atualização monetária segundo índices oficiais regularmente estabelecidos, e honorários de advogado.
Art. 390. Nas obrigações negativas o devedor é havido por inadimplente desde o dia em que executou o ato de que se devia abster.

Didáticas as palavras de Carlos Roberto Gonçalves[126] sobre o tema:

> Tendo em vista que, durante o período de vigência do contrato, o proprietário confere ao superficiário a propriedade útil de seu imóvel, para que nele construa ou plante como titular de um direito real oponível *erga omnes* e com a prerrogativa de seqüela, é natural que incumba a este o pagamento dos encargos e tributos que incidirem sobre o imóvel, bem como as despesas de conservação ou manutenção, como preceitua o art. 1371 do Código Civil.
>
> Tal responsabilidade do superficiário abrange o imóvel em sua totalidade, compreendendo tanto a área do solo cuja superfície lhe foi concedida quanto os acréscimos que recaírem sobre a construção ou sobre a plantação. A regra, no entanto, é supletiva, podendo as partes convencionar de forma diferente, distribuindo os encargos e tributos que recaem sobre o imóvel de forma diversa. O descumprimento da obrigação poderá ser sancionado com a resolução do direito de superfície, uma vez constituído o superficiário em mora.

Questão interessante e geradora de disputas judiciais[127] versa sobre obrigatoriedade do pagamento de ITBI (Imposto sobre a Transmissão de Bens Imóveis e de Direitos a eles Relativos) no ato da constituição do Direito de Superfície[128].

Art. 391. Pelo inadimplemento das obrigações respondem todos os bens do devedor.

Art. 392. Nos contratos benéficos, responde por simples culpa o contratante, a quem o contrato aproveite, e por dolo aquele a quem não favoreça. Nos contratos onerosos, responde cada uma das partes por culpa, salvo as exceções previstas em lei.

Art. 393. O devedor não responde pelos prejuízos resultantes de caso fortuito ou força maior, se expressamente não se houver por eles responsabilizado.

Parágrafo único. O caso fortuito ou de força maior verifica-se no fato necessário, cujos efeitos não era possível evitar ou impedir.

[126] Op. Cit. 416.
[127] Vide item 13 do capítulo III desta obra (estudo de casos concreto).
[128] Para saber mais sobre o tema, recomendo ler o site http://www.ibdt. com.br/2006/integra_01062006.htm (acessado em 10/03/2009), onde

DIREITO DE SUPERFÍCIE

Dispõe a Constituição Federal:

> Art. 156. Compete aos Municípios instituir impostos sobre:
>
> ...
>
> II – transmissão "inter vivos", a qualquer título, por ato oneroso, de bens imóveis, por natureza ou acessão física, e de direitos reais sobre imóveis, exceto os de garantia, bem como cessão de direitos a sua aquisição;

E o Código Tributário Nacional:

> SEÇÃO III
>
> Imposto sobre a Transmissão de Bens Imóveis e de Direitos a eles Relativos
>
> Art. 35. O imposto, de competência dos Estados, sobre a transmissão de bens imóveis e de direitos a eles relativos tem como fato gerador:
>
> I – a transmissão, a qualquer título, da propriedade ou do domínio útil de bens imóveis por natureza ou por acessão física, como definidos na lei civil;
>
> II – a transmissão, a qualquer título, de direitos reais sobre imóveis, exceto os direitos reais de garantia;

Partindo da premissa de que o Direito de Superfície é um Direito Real, naturalmente, por disposição expressa do artigo 156, II da Constituição c/c 35, II do Código Tributário Nacional, é possível afirmar que ocorreria o fato gerador da obrigação tributária do ITBI.

Todavia, afirma-se que os artigos supra só terão aplicabilidade se o município onde estiver localizado o imóvel editar lei específica tratando da incidência do ITBI na constituição do Direito Real de Superfície[129]. Neste sentido disserta Luís Alberto Garcia de Sousa[130]

---

membros do Instituto Brasileiro de Direito Tributários debateram longamente sobre o tema.

[129] Os municípios de São Paulo/SP, Ribeirão Preto/SP, Hortolândia/SP, dentre outros já editaram lei.

[130] SOUSA, Luís Alberto Garcia. In A Lei de Diretrizes Urbanas e o direito de superfície colhida do site http://www.camara.rj.gov.br/seto-

Cabe consignar, inicialmente, que não é certo, a rigor, que os Municípios já possam, *hoje*, exigir o ITBI nos negócios superficiários que venham a ser concretizados. O óbice à cobrança decorreria do fato de que, sendo ainda muito recente a introdução deste novo direito real no ordenamento jurídico brasileiro, certamente poucas terão sido as legislações tributárias municipais já "adaptadas" ao novo instituto. Daí por que, em princípio, os Municípios só estariam autorizados a exigir o imposto sobre as concessões de direito de superfície a partir do momento em que suas leis ordinárias contemplassem, especificamente, esta nova *fattispecie*.

Assim, conclui-se que potencialmente ocorrerá fato gerador do ITBI na constituição do Direito de Superfície, podendo, todavia, com procedência, ser arguido perante o Poder Judiciário a ausência de lei municipal específica, fato que impossibilita a exação. Afinal, em homenagem ao Princípio da Tipicidade Cerrada inerente ao Direito Tributário, faz-se necessária norma regulamentando o fato gerador (se a constituição, extinção ou somente a transmissão da Superfície), a base de cálculo e a alíquota, para que se caracterize por completo a obrigação tributária.

16. A Transmissibilidade do Direito de Superfície

Dispõe o Código Civil:

> Art. 1.372. O direito de superfície pode transferir-se a terceiros e, por morte do superficiário, aos seus herdeiros.

E o Estatuto da Cidade:

> Art. 21. O proprietário urbano poderá conceder a outrem o direito de superfície do seu terreno, por tempo determinado ou indeterminado, mediante escritura pública registrada no cartório de registro de imóveis.

---

res/proc/revistaproc/revproc2002/arti_luizgarcia.pdf acessado em 10/03/2009.

§ 4º O direito de superfície pode ser transferido a terceiros, obedecidos os termos do contrato respectivo.

§ 5º Por morte do superficiário, os seus direitos transmitem-se a seus herdeiros.

Como a constituição do Direito de Superfície ocorre, costumeiramente, com a lavratura da escritura pública e posterior registro imobiliário, a transmissão ocorrerá da mesma forma.

Importante dizer que durante o prazo da Superfície poderá o proprietário alienar seu domínio, bem como, o superficiário possui o direito de alienar seu Direito de Superfície, sempre possibilitando, preferentemente, como veremos adiante, ocorrer a consolidação de ambos os direitos reais (propriedade e superfície) em uma só pessoa.

De fato, por se tratar de um direito real, a Superfície não se extingue com a alienação da propriedade. Desta forma, caso exista um Direito de Superfície pelo prazo de 30 (trinta) anos, poderá o proprietário/concedente, após dar preferência ao superficiário, alienar sua propriedade a terceiros, todavia, este fato não acarretará a extinção dos direitos e deveres do superficiário que perdurarão pelo prazo fixado no ato de constituição da superfície, graças ao poder de sequela[131] inerente aos direitos reais.

Por outro lado, também o superficiário, após dar prelação ao proprietário, poderá transferir seus direitos a terceiros, porém, seguindo o mesmo raciocínio do parágrafo anterior, este fato não acarretará a extinção da superfície originariamente constituída. Destarte, o novo superficiário deverá observar

---

[131] O Poder de Sequela decorre da capacidade de um detentor de um direito real fazer incidir sobre a coisa seus direitos, os exercendo independentemente de onde a coisa esteja ou quem seja seu proprietário, gerando a seu titular a prevalência dos seus direitos com oponibilidade *erga omnes* (contra todos).

todos os direitos e deveres pactuados no ato da constituição, uma vez que as cláusulas pactuadas inicialmente aderiram ao bem objeto da Superfície, perseguindo-o[132].

Asseverando no mesmo sentido, Frederico Bittencourt[133]:

> Assiste ao superficiário o direito de transferir a terceiros, a título oneroso ou gratuito, o direito real em foco, nos termos e dentro dos limites em que foi contratado com o proprietário do terreno, passando o adquirente a ocupar a posição jurídica até então exercitada pelo transmitente.

Vale dizer que tudo o que foi exposto acima sobre a transmissibilidade, poderá ocorrer por ato de vontade, ou seja, através de uma nova escritura pública e novo registro por ato entre vivos, bem como, em razão do direito de *saisine* ou seja, com a morte de uma das partes, seus herdeiros legítimos e testamentários receberão o direito real do *de cujus*, quer a propriedade ou a superfície, com as mesmas características de tempo e modo na qual foi constituída.

Assim, caso o proprietário de um imóvel que seja objeto de um direito de superfície trintenário falecer após dez anos da constituição, seus herdeiros, por vinte anos deverão respeitar todos os direitos do superficiário que ali construiu ou plantou, bem como, exigir do mesmo o cumprimento de suas obrigações. Caso constituído sem prazo determinado (Estatuto da Cidade) os adquirentes poderão, após prévia notificação, providenciar a extinção da superfície.

Questão interessante se refere à possibilidade de no ato de constituição da Superfície ficar pactuada cláusula que proíbe a transmissibilidade da superfície ou da propriedade durante determinado prazo. Marco Aurélio S. Viana, assim entende:

> No que se refere à transferência a terceiros, entendemos que ela não depende de autorização do proprietário. Nada, impe-

---

[132] O substantivo sequela decorre justamente do verbo perseguir.
[133] BITTENCOURT, Frederico. Revista Forense número 272, p. 406.

de, contudo, que as partes avencem em sentido contrário, ajustando, por exemplo, que a transferência não se faça por certo tempo. Em sendo a concessão constituída a título oneroso, é perfeitamente compreensível que o proprietário queira se precaver quando ele percebe o cânon em parcelas.

De fato, entendo ser perfeitamente possível convencionar-se a proibição da cessão da Superfície. Primeiramente porque estamos tratando de Direito Civil, onde a autonomia privada é questão principiológica[134]. Ademais, como sói acontecer na maioria das relações jurídicas onerosas, a confiança entre as partes contratantes constitui em um dos fundamentos mais importantes do liame. Destarte, se o concedente transferiu a posse direta do imóvel a certo superficiário vislumbrando contrapartida pecuniária, certamente o fez na confiança de que se trata de pessoa séria e de que não ocorrerá inadimplemento.

Tal situação também pode ocorrer caso haja a transmissão do direito de superfície via testamento, assim, poderá existir cláusula em que o *de cujus* estipula que determinado herdeiro (ou legatário) receba a Propriedade Superficiária, porém, com inalienabilidade por determinado prazo.

16.1 A Impossibilidade da Cobrança do Laudêmio

Dispõe o Código Civil:

> Art. 1.372. O direito de superfície pode transferir-se a terceiros e, por morte do superficiário, aos seus herdeiros.
>
> Parágrafo único. Não poderá ser estipulado pelo concedente, a nenhum título, qualquer pagamento pela transferência.

Constata-se no texto acima (o Estatuto da Cidade é omisso) que o legislador de 2002 proibiu expressamente a estipu-

---

[134] Vale registrar as lições de Francisco Amaral *in* Introdução na página 335:" a autonomia privada é o poder que os particulares têm de regular, pelo exercício de sua própria vontade, as relações de que participam, estabelecendo-lhes o conteúdo e a respectiva disciplina jurídica"

lação de cláusula que permita ao proprietário/concedente a cobrança de determinado valor caso o superficiário venha, no curso do exercício do Direito de Superfície, transferir a terceiros seu direito real.

A retribuição financeira paga ao proprietário denomina-se laudêmio, peculiar ao antigo Direito de Enfiteuse, regulado pelo Código Civil de 1916:

> Art. 686. Sempre que se realizar a transferência do domínio útil, por venda ou dação em pagamento, o senhorio direto, que não usar da opção, terá direito de receber do alienante o laudêmio, que será de 2,5% (dois e meio por cento) sobre o preço da alienação, se outro não se tiver fixado no título de aforamento.

O dispositivo proibitório da referida cobrança tem por escopo evitar que o superficiário encontre-se em situação de hipossuficiência em relação ao concedente caso necessite transferir seus direitos. Vale lembrar que, como já discorremos, a Superfície é instrumento propiciador da função social da propriedade e, nos ditames do Estatuto da Cidade, de Política Urbana.

Inexoravelmente, terrenos abandonados apenas causam prejuízos à sociedade, na medida em que poderiam ser utilizados como sedes de empresas, gerando riquezas e, naturalmente, lar para famílias de rua. Portanto, com a proibição da cobrança, quer o legislador favorecer ao máximo a dinâmica na utilização de imóveis, evitando o abandono e a especulação.

Sobre o assunto comenta Carlos Roberto Gonçalves[135]:

> Tal orientação se amolda à tendência universal de se eliminar qualquer cobrança, por parte dos proprietários de imóveis, quando da transferência a terceiros de direitos reais constituídos sobre os mesmos. O Código Civil italiano e o português anteriores (dos anos de 1865 e 1867, respectivamente) já haviam eliminado os laudêmios, lutuosas e outras prestações

---

[135] Op. Cit. p. 419.

análogas que, nas enfiteuses mais antigas, nas quais os resquícios do feudalismo se faziam mais evidentes, representavam uma espécie de homenagem ao senhor feudal pelo consentimento deste na transferência onerosa da enfiteuse que o vassalo fizesse a terceiro (*laudemium*) ou na transmissão de um feudo aos herdeiros do vassalo que falecera ("lutuosa"), pois, como assinala José Guilherme Braga Teixeira, com tal consentimento o senhor feudal, titular do domínio direto, abria mão do seu direito de prelação e da consolidação do domínio do imóvel na sua pessoa.

Ainda que não haja a proibição no Estatuto da Cidade, entendo que deve prevalecer a impossibilidade da cobrança, por ser da própria natureza do instituto a dinâmica na utilização de imóveis baldios, bem como, pela aplicação subsidiária da lei geral (Código Civil) onde omissa a lei especial.

Vale dizer, ainda que por obviedade, que não apenas é proibida a estipulação de valor em dinheiro em favor do concedente, bem como qualquer outra espécie remuneratória como a assunção de débito ou a dação em pagamento.

17. O Direito de Preferência Recíproco

Dispõe o Código Civil:

> Art. 1.373. Em caso de alienação do imóvel ou do direito de superfície, o superficiário ou o proprietário tem direito de preferência, em igualdade de condições.

E o Estatuto da Cidade:

> Art. 22. Em caso de alienação do terreno, ou do direito de superfície, o superficiário e o proprietário, respectivamente, terão direito de preferência, em igualdade de condições à oferta de terceiros.

Ambos os textos legislativos estabelecem em caso de alienação da Propriedade ou da Superfície, por iniciativa do concedente ou do superficiário respectivamente, a obrigação de se ofertar a outra parte a aquisição do direito real, consolidando-se, em uma só pessoa a propriedade plena (posse direta e indireta).

Denomina-se tal dispositivo de direito de preferência, prelação ou preempção recíproco, e aparentemente não gera grandes discussões doutrinárias, pois, basta que a parte interessada em alienar onerosamente (venda, promessa de venda, dação em pagamento) a terceiros seu direito real tenha o cuidado de notificar previamente a outra, ofertando-lhe a aquisição em iguais condições de valor e modo de pagamento, designando o local e o horário para exame da documentação pertinente[136].

Na lição de Frederico Henrique Viegas de Lima[137]:

> Caso exista a alienação, tanto da superfície, como da propriedade do solo, o superficiário e o concedente não têm que pedir autorização um ao outro, senão que esta deve ser precedida do oferecimento a ambas as partes, que tem direito de preempção de direito civil, conhecida de aquisição preferente, contido no Estatuto da Cidade. Por esta prescrição, as partes devem exercer seu direito de prelação.

Todavia, a questão não é tão simples. Inicialmente surgem duas indagações: Qual o prazo decadencial para o exercício da preferência? Quais as consequências da ausência da notificação para o exercício da preferência?

Existem quatro respostas para a primeira pergunta.

A primeira utiliza por analogia o artigo 504 do Código Civil[138], estabelecendo que a parte que deseja consolidar a propriedade deve depositar em 180 dias o valor que foi ofer-

---

[136] Por analogia ao artigo 27 da Lei de Locações (Lei 8245/91).
[137] LIMA, Frederico Henrique Viegas de. *O direito de superfície como instrumento de planificação urbana*. Rio de Janeiro, São Paulo, Recife: Renovar, 2005. P. 218.
[138] Art. 504. Não pode um condômino em coisa indivisível vender a sua parte a estranhos, se outro consorte a quiser, tanto por tanto. O condômino, a quem não se der conhecimento da venda, poderá, depositando

DIREITO DE SUPERFÍCIE

tado a terceiros, sob pena de perder o direito de aquisição em preferência, à similitude de condomínios.

Outra resposta fundamenta-se, também por analogia, no artigo 28 da Lei de Locações[139] (Lei 8245/91) que fixa o prazo de 30 dias para o exercício da preferência.

Relatando essas duas correntes, ensina Cristiano Chaves e Nelson Rosenvald[140]:

> Todavia, o legislador não disciplinou o prazo decadencial ao exercício do direito de preferência. Analogicamente duas possibilidades surgem: o trintídio da lei de locações (art. 28, Lei n. 8.245/91) ou o prazo de caducidade de 180 dias encetado pelo art. 504, do Código Civil, aplicável ao condomínio.

A terceira resposta utiliza a regra da compra e venda, estipulando à semelhança do artigo 516[141] do Código Civil o prazo de 60 dias. Sustenta Venosa[142]:

> O proprietário ou superficiário deve tomar conhecimento da proposta respectiva para poder exercer sua preferência tanto por tanto. A preempção é regulada, no presente Código, nos arts. 513 ss. O art. 517[143] se refere ao prazo de 60 dias para os imóveis, para o exercício da prelação, após a notificação."

Por último, tese que sustento, estabelece que o prazo será o fixado na notificação, devendo naturalmente ser razoável à análise da proposta, portanto nunca inferior a 30 dias. As-

---

o preço, haver para si a parte vendida a estranhos, se o requerer no prazo de cento e oitenta dias, sob pena de decadência
[139] Art. 28. O direito de preferência do locatário caducará se não manifestada, de maneira inequívoca, sua aceitação integral à proposta, no prazo de trinta dias.
[140] Op. Cit. p. 407.
[141] Art. 516. Inexistindo prazo estipulado, o direito de preempção caducará, se a coisa for móvel, não se exercendo nos três dias, e, se for imóvel, não se exercendo nos sessenta dias subsequentes à data em que o comprador tiver notificado o vendedor.
[142] Op.cit. 410.
[143] Parece-me que houve equívoco do autor, pois a referência é ao artigo 516.

sim, de acordo com o caso concreto a situação se ajustará melhor. Ademais, as normas acima são especiais, aplicam-se aos condomínios, locações e compra e venda, portanto, não tem caráter subsidiário geral. Filiam-se a esta corrente Marco Aurélio S. Viana[144] e Maria Helena Diniz[145]:

> Para que a preferência seja exercida, o interessado na alienação deve dar ciência ao outro, judicial ou extrajudicialmente, informando as condições do negócio que lhe é ofertado, para que o outro possa exercer ou não o seu direito. O prazo para que o superficiário ou o concedente manifeste sua intenção de exercer a preferência não deve ser inferior a trinta dias, prazo razoável para que ele busque meios ou recursos para adquirir o imóvel ou o direito de superfície. Entendemos, contudo, que esse prazo pode ser maior, quando o negócio for de vulto a exigir capital de expressão. Tudo depende da situação de fato, que cada caso possa apresentar.
>
> Se ocorrer alienação do imóvel ou do direito de superfície, o superficiário ou o proprietário (fundieiro) terá, dentro do prazo estipulado, direito de preferência em igualdade de condições (CC, art. 1373) à oferta de terceiros, promovendo a consolidação do direito do solo e do de superfície, para que não mais haja tal desmembramento.

Entendo que caso omissa a notificação, deverá ser aplicado o prazo do artigo 516 (60 dias). Afinal, como Direito Real Imobiliário, por expressa disposição do artigo 80, I, do Código Civil[146], a Superfície é um bem imóvel.

No que concerne à segunda pergunta, qual seja, as consequências da ausência da notificação para o exercício da preferência, existem duas respostas na doutrina. A primeira postula que tal negligência acarretará a condenação por perdas e danos, respondendo com o alienante omisso o adquirente, caso haja conluio ou má-fé entre eles. Fundamenta esta tese

---

[144] Op. cit. p. 284.
[145] Op. Cit. p. 464.
[146] Art. 80. Consideram-se imóveis para os efeitos legais:
I – os direitos reais sobre imóveis e as ações que os asseguram;

# DIREITO DE SUPERFÍCIE

o disposto no artigo 518 do Código Civil[147] que trata da compra e venda. Assim, se posiciona Sílvio de Salvo Venosa[148], filiando-se a esta doutrina:

> A preempção é regulada, no presente Código, nos artigos 513 e ss. O art. 517 se refere ao prazo de 60 dias para os imóveis, para o exercício da prelação, após a notificação. Quando não for concedido esse direito de preferência, responderá aquele que deixou de concedê-la por perdas e danos, respondendo também, solidariamente o adquirente, se tiver agido de má-fé (art. 518). Não existe a possibilidade de o preterido na preempção depositar o preço e haver para si a coisa, como autoriza a lei do inquilinato. Não existe na lei nada que autorize a conclusão que o direito de preferência na superfície seja de natureza real.

A segunda resposta, criticada por Venosa no parágrafo anterior, defende a possibilidade de a parte preterida depositar em juízo o valor da venda e, por conseguinte, anulá-la, adquirindo, via judicial, o Direito de Superfície caso o Autor seja o concedente ou, a propriedade, caso o Autor da demanda seja o superficiário preterido. Assim se manifestam Maria Helena Diniz[149] e Marco Aurélio S. Viana[150]:

> Aquele que preterir o direito de preferência do outro deverá pagar indenização pelas perdas e danos e o preterido poderá depositar em juízo valor igual ao pago pelo terceiro.
>
> Se o superficiário ou o concedente não oferecem o negócio ao outro, entendemos que seja caso de aplicar, por analogia, o art. 504[151] do diploma civil, podendo o interessado depositar o preço e haver o direito.

---

[147] Art. 518. Responderá por perdas e danos o comprador, se alienar a coisa sem ter dado ao vendedor ciência do preço e das vantagens que por ela lhe oferecem. Responderá solidariamente o adquirente, se tiver procedido de má-fé.
[148] Op. cit. p. 410.
[149] Op. cit. p. 464.
[150] Op. cit. p. 284.
[151] Art. 504. Não pode um condômino em coisa indivisível vender a sua parte a estranhos, se outro consorte a quiser, tanto por tanto. O condô-

De fato, os Direitos Reais geram, por si só oponibilidade *erga omnes* e poder de sequela, ou seja, aquele que detiver um direito real, como o proprietário e o superficiário, pode opor contra qualquer pessoa o exercício decorrente de seu direito, bem como, ainda que a coisa sobre a qual recair o direito real seja transferida a terceiros, os direitos decorrentes do exercício do instituto perseguirão a coisa onde estiver, independente de quem seja o novo adquirente.

Desta forma, como tanto a Propriedade quanto a Superfície são direitos reais, artigo 1225, I e II, do Código Civil, e demonstrado está que por expressa disposição do artigo 1373 existe o direito de preferência recíproco, caso haja desrespeito a esta prelação, poderá o prejudicado, utilizando-se da oponibilidade *erga omnes*, do poder de sequela e da analogia com o artigo 504 da Lei Civil, depositar o valor constante do registro imobiliário de alienação e, a anulando, tomar para si a propriedade ou a superfície, consolidando em uma só pessoa a propriedade plena. Neste sentido a lição de Cristiano Chaves e Nelson Rosenvald[152]:

> Optamos pela segunda via, concedendo-se ao proprietário ou superficiário, a via da pretensão reivindicatória com supedâneo no direito de seqüela, que é inerente a qualquer direito real. Para tanto, buscamos amparo na regra do art. 504, do Código Civil que permite ao condômino a que se negligenciou a preferência, a adoção do direito potestativo de desconstituir o negócio jurídico de compra e venda no prazo decadencial de 180 dias, podendo em seguida buscar a coisa para si.
>
> Sabemos que não temos na superfície uma compropriedade, pois na primeira se formam duas titularidades autônomas, enquanto na segunda, a propriedade continua marcada pela unicidade, porém, fracionada em cotas abstratas entre duas ou mais pessoas. De qualquer modo, à semelhança dos modelos

---

mino, a quem não se der conhecimento da venda, poderá, depositando o preço, haver para si a parte vendida a estranhos, se o requerer no prazo de cento e oitenta dias, sob pena de decadência.

[152] Op.cit. p. 408.

jurídicos em enfoque, atrai a adoção extensiva do art. 504, do Código Civil. Não nos parece possível alegar ofensa ao princípio da legalidade, pois a ausência da regra específica para o direito de superfície não afasta a própria principiologia dos direitos reais, cuja oponibilidade *erga omnes* permite que o seu titular possa buscar a coisa onde quer que ela se encontre.[153]

Também neste sentido Arnaldo Rizzardo[154]:

> Na omissão do ato notificatório, garante-se exercer a preferência no prazo de seis meses, a iniciar do ato do registro, ou da ciência do interessado. Estabelece-se o mencionado prazo por analogia ao art. 504 (1.139 do Código Civil anterior), que cuida do direito de preferência na venda de coisa indivisível.

O direito de preferência recíproco tem por escopo evitar conflitos judiciais. Com efeito, na prática forense observa-se que os Direitos Reais sobre Coisa Alheia são institutos que comumente geram desavenças entre as partes envolvidas. O legislador ciente deste fato procura, não somente no Direito de Superfície, propiciar que a relação jurídica entre proprietário e o detentor de um Direito Real sobre Coisa Alheia não perdure por longo período de tempo, procurando consolidar a propriedade plena nas mãos de uma só pessoa.

Caio Mário[155] afirma que é plenamente explicável que o superficiário seja obrigado a dar preferência ao proprietário caso deseje ceder seus direitos, pois, naturalmente, a desoneração do imóvel é desejo intrínseco aquele que detém o domínio. Por outro lado, critica a prelação recíproca, pois afirma que não faz sentido estar o proprietário subsumido ao desejo de aquisição preferente do superficiário, explicando:

---

[153] Os autores mencionam posição divergente de Pablo Stolze: "à luz do princípio da legalidade, esta faculdade reivindicatória, conferida à parte preterida, deveria constar no corpo do texto legal que, inclusive, faria referência às condições para o exercício desta prerrogativa" in, Código Civil Comentado, v. XIII, p. 41.
[154] Op.cit. p. 865.
[155] Op.cit. p. 245.

O direito de preferência assegurado ao proprietário do solo, em caso de alienação da superfície, compreende-se, pois é razoável que deseje ele exonerar a sua propriedade, liberando o bem de uma situação jurídica que o onera. O que não encontra justificativa é a preferência dada ao superficiário, em caso de alienação do imóvel. A uma, porque cria uma restrição ao direito de propriedade, impondo-lhe notória depreciação. A duas, porque se inverte a situação, instituindo um poder maior ao que, por natureza, é acessório. E a três, porque o imóvel pode ter maior extensão do que a área ou parte que é objeto de superfície, criando-se um impasse, a saber, se o proprietário alienante é obrigado a dar preempção apenas da parte superficiária, no caso de venda de todo o imóvel, ou se será compelido a desmembrá-lo, para assegurar ao superficiário preferência apenas para compra desta, liberado o restante.

Com respeito a um dos maiores civilistas que o Brasil já conheceu, não vejo nenhuma restrição jurídica ou prática na preferência de aquisição por parte do superficiário, pelo contrário, tal direito apenas conjuga-se com os ideais de propiciar a constituição do Direito de Superfície e, consequentemente, dar função social à propriedade imobiliária. Afinal, pode-se superar as oposições avisadas por Caio Mário na medida em que não trará depreciação imobiliária o simples fato de existir o direito de superfície, pois, se assim fosse, todos os condomínios e imóveis locados estariam depreciados e, eventualmente o contrário ocorrerá, pois um imóvel construído, por óbvio, tem maior valorização e, em regra, maior liquidez. A duas, não se trata de um poder maior concedido ao superficiário e sim, de mesma dimensão. A três, porque a oferta dada ao superficiário será, rigorosamente, nos mesmos termos que fora concedida a terceiro (quer alienação parcial, total, somente da construção ou plantação, ou ainda se haverá necessidade de desmembramento).

Vale dizer que por se tratar de direito patrimonial disponível, poderá ser estabelecida no ato de constituição do Direito de Superfície a renúncia prévia ao direito de preferência.

Outrossim, ressalte-se que o direito de preferência recíproco só tem lugar quando a alienação for onerosa, entre vivos e não for em hasta pública.

Afinal, caso haja doação pura do Direito Real de Superfície ou do Direito Real de Propriedade pelo superficiário ou proprietário, respectivamente, a terceiros, não se faz possível se exigir a prelação recíproca, por se tratar de mera liberalidade. Afinal, por óbvio, o doador tem o livre arbítrio da escolha do donatário prestigiado.

Outrossim, se a alienação ocorrer em virtude da morte do proprietário ou do superficiário, por força do Direito de *Saisine* previsto no art. 1784 do Código Civil, a transmissão ocorrerá *ex lege* para os herdeiros, independendo, pois, da vontade da parte, sendo, assim, inaplicável a preempção de que ora tratamos.

Da mesma forma, se a alienação for por ordem judicial, como sói acontecer em processos de execução por ocasião da arrematação do bem penhorado, a prelação não poderá existir, uma vez que aquele que der o maior lanço tornar-se-á adquirente do direito real. Na lição de Arnaldo Rizzardo[156]:

> Esta preferência restringe-se nas vendas *inter vivos*, e a título oneroso. Inaplicável a prerrogativa nas alienações por doação, ou *mortis causa*, e, ainda, naquelas procedidas judicialmente, como as decorrentes de execução, quando a arrematação se dará em favor daquele que oferecer maior preço. Por evidente que ao proprietário ou ao superficiário admite-se a participação nos lanços.

18. Responsabilidade Civil por Eventos Decorrentes da Propriedade Superficiária

Questão recorrente na jurisprudência e doutrina, diz respeito à responsabilidade civil do superficiário e do conceden-

---

[156] Op.cit. p. 865.

te em razão de eventos danosos ocasionados pela constituição do Direito de Superfície.[157]

Situação já apreciada pela jurisprudência[158], conforme acórdãos colacionados no Capítulo III, itens 7 e 8 deste trabalho, diz respeito à responsabilidade pelo desmoronamento da construção erigida pelo superficiário.[159]

Obviamente, como o superficiário é o exclusivo responsável pela construção no imóvel objeto da Superfície, ele responderá por quaisquer danos causados em decorrência das obras, tais como desmoronamento, desrespeito às normas de segurança do trabalho (acidentes com os operários), inobservância das normas de uso e ocupação do solo, invasão no terreno confinante, etc.

Afinal, a cláusula geral da responsabilidade civil decorre dos artigos 186, 187 e 927 do Código Civil:

> Art. 186. Aquele que, por ação ou omissão voluntária, negligência ou imprudência, violar direito e causar dano a outrem, ainda que exclusivamente moral, comete ato ilícito.
>
> Art. 187. Também comete ato ilícito o titular de um direito que, ao exercê-lo, excede manifestamente os limites impostos pelo seu fim econômico ou social, pela boa-fé ou pelos bons costumes.
>
> Art. 927. Aquele que, por ato ilícito (arts. 186 e 187), causar dano a outrem, fica obrigado a repará-lo.

---

[157] Vale recomendar ao leitor a obra "Teoria dos Ilícitos Civis" de Felipe Peixoto Braga Netto, onde o autor preocupa-se em classificar os ilícitos civis a partir de uma ótica abstrata, com viso a propiciar ao estudioso da responsabilidade civil a fundamentação teórica necessária.

[158] Acórdãos 778.074.4/4-00 e 778.073.5/0-00 do Tribunal de Justiça de São Paulo.

[159] San Tiago Dantas in Programa de Direito Civil sempre relacionou a responsabilidade ao conceito de lesão, o que nos motivou a inserir este tópico no trabalho, mormente porque, como se verá adiante, ocorreu em São Paulo um desmoronamento de uma construção que causou a morte de várias pessoas, onde se tentou, como base do Direito de Superfície, isentar a culpabilidade de um dos réus.

DIREITO DE SUPERFÍCIE

Ora, se o dano decorreu de ação ou omissão de obras erigidas pelo superficiário, nada mais óbvio que ele responda por prejuízos causados em decorrência de sua negligência, imprudência, imperícia ou abuso de direito.

A questão torna-se tormentosa quando indagamos se o concedente responde solidariamente com o superficiário pelos danos causados, ou seja, se a pessoa que sofreu o prejuízo pode exigir tanto do concedente quanto do superficiário o ressarcimento pelos danos suportados.

A melhor resposta me parece negativa. Afinal, como sabemos, a solidariedade não se presume, resulta da lei ou da vontade das partes[160] e, em momento nenhum vislumbra-se na lei tal solidariedade. Ademais, devemos nos lembrar que não é incumbência legal do concedente averiguar se o superficiário realiza suas obras nos ditames legais e técnicos, pois, ao conceder o Direito Real de Superfície, perde em prol do superficiário a posse direta do imóvel, e, conforme explicado no item sobre a natureza jurídica, ocorre o desmembramento da propriedade.

Conclui-se pois, ante a ausência de previsão legal, bem como, em razão do desmembramento do Direito Real de Propriedade entre o superficiário (dono da construção) e o concedente (dono do solo), exceptuando-se o princípio do "superfícies solo cedit", não existe responsabilidade solidária decorrente de prejuízos causados pelas obras do superficiário, devendo, pois, rechaçar também a responsabilidade subsidiária, para atribuir-se exclusivamente ao superficiário a legitimidade para responder ao procedimento indenizatório.

Vale dizer ainda que não se pode afirmar que o concedente deve responder pelos danos causados pelo superficiário em razão da responsabilidade prevista no artigo 937 do Código

---

[160] Artigo 265 do Código Civil Brasileiro.

Civil[161], afinal, como já explicado, a propriedade da construção e, por consequência, a responsabilidade por ela durante o prazo da Superfície, é exclusiva do superficiário.

Não obstante, no que concerne à necessidade de provar culpa do superficiário por eventual dano, parece-me que tal demonstração é despicienda, fazendo valer a responsabilidade civil objetiva[162], conforme leciona Carlos Roberto Gonçalves[163]:

> Com relação aos danos causados aos vizinhos ou a terceiros, provenientes de desabamentos, queda de materiais, ruído, poeira e de outras causas, a responsabilidade decorre do art. 186 (aquiliana) e deve ser atribuída diretamente àquele que executa a obra, ou seja, ao construtor, que tem a guarda da coisa e a direção dos trabalhos. Assim, "o dano sofrido por um transeunte durante o período de construção é da responsabilidade do construtor, pois este é quem tem a guarda da coisa e direção dos trabalhos. Idêntica conclusão, se os danos resultam de ruído, poeira, fumaça etc., decorrentes da execução da obra[164].

Ressalte-se que para o construtor e o superficiário, caso o primeiro tenha sido contratado pelo segundo para erigir a obra, haverá perante terceiros responsabilidade solidária de ambos, como leciona Carlos Roberto Gonçalves[165]:

> Quando se trata de danos causados às construções vizinhas, a responsabilidade solidária do proprietário e do construtor decorre da simples nocividade da obra, independentemente da culpa de qualquer deles. Sendo solidária, o que pagar sozinho a indenização terá direito de exigir do outro a sua quota, nos termos dos arts. 283 do Código Civil e 77, III, e 80 do Código

---

[161] Art. 937. O dono de edifício ou construção responde pelos danos que resultarem de sua ruína, se esta provier de falta de reparos, cuja necessidade fosse manifesta.
[162] Responsabilidade independente de demonstração de culpa.
[163] Op. Cit. p. 276.
[164] Citando Mário Moacyr Porto, Responsabilidade Civil do Construtor, RT, 623/11, n. 5.
[165] Op. Cit. p. 277.

de Processo Civil. No entanto, se o dano resultou de culpa do construtor e o proprietário pagou a indenização, assistir-lhe-á direito à ação regressiva conra o construtor culpado, para haver dele o que pagou.

19. Direitos e Deveres do Proprietário e do Superficiário

Passaremos a discorrer sobre os direitos e deveres do proprietário-concedente e do superficiário:

Direitos do proprietário:

a) Receber do superficiário, caso haja estipulação expressa, um valor, denominado cânon ou pensão, que poderá ser pago de uma só vez no início ou término do Direito de Superfície, ou de forma parcelada;

b) Fiscalizar se o superficiário está construindo ou plantando rigorosamente nos termos do ato de constituição;

c) Promover a extinção da Superfície caso o superficiário esteja descumprindo as regras do contrato ou da lei, como erigir a construção fora dos padrões estabelecidos ou der destinação diversa ao imóvel;

d) Ajuizar a ação de reintegração de posse (ou reivindicatória) caso o superficiário se recuse a desocupar o imóvel finda a Superfície;

e) Assumir a propriedade e a posse plena (direta e indireta) do imóvel, incorporando a seu patrimônio as acessões feitas pelo superficiário sem indenização, caso não exista convenção em sentido contrário;

f) Exercer em detrimento de terceiros o direito de adquirir a superfície, caso o superficiário deseje aliená-la onerosamente;

g) Receber, ainda que parcialmente, determinado valor em caso de desapropriação;

h) Ajuizar contra o superficiário ações indenizatórias, diante de comportamento irregular que lhe tenha causado dano.

Deveres do proprietário:

a) Ceder ao superficiário a posse direta do imóvel para que este construa ou plante, no prazo pactuado;

b) Não esbulhar, turbar ou ameaçar a posse direta do superficiário;

c) Receber, finda a Superfície, a posse direta do imóvel, passando a arcar com as consequências legais da propriedade e posse plenas;

d) Pagar parcela dos encargos e tributos que eventualmente incidam sobre o imóvel, caso haja expressa disposição neste sentido;

e) Dar ao superficiário preferência na aquisição da propriedade caso pretenda aliená-la onerosamente.

Direitos do superficiário:

a) Realizar, nos termos do ato de constituição, as acessões de construção ou plantação na superfície do imóvel (exceto quando o uso do subsolo for inerente à acessão ou sob as normas do Estatuto da Cidade). Conforme já observamos, nada impede que o superficiário possa, se assim pactuado, construir e plantar no imóvel;

b) Explorar as acessões que construiu e plantou;

c) Exercer a posse direta do imóvel, ajuizando as ações de reintegração de posse, manutenção de posse e interdito proibitório, caso venha a sofrer esbulho, turbação ou ameaça em sua posse, respectivamente;

d) Alienar o direito de superficiário a terceiros caso o proprietário não queira exercer seu direito de preferência;

e) Não estar subordinado a qualquer cláusula que estabeleça que deva pagar ao concedente qualquer valor em razão da alienação da Superfície a terceiros;

f) Transferir a herdeiros legítimos ou testamentários seus direitos de superficiário, não podendo o concedente se opor, exceto se houver estipulação expressa neste sentido;

g) Exercer, em detrimento de terceiros, o direito de adquirir a propriedade caso o concedente deseje aliená-la;

h) Receber do proprietário, caso haja disposição expressa neste sentido, determinado valor em razão das construções ou plantações que realizou;

i) Exercer o direito de retenção caso o último item não seja observado;

j) Receber, ainda que parcialmente, determinado valor em caso de desapropriação.

Deveres do superficiário:

a) Construir e/ou plantar rigorosamente nos termos do ato de constituição;

b) Zelar por todo o imóvel, haja vista tratar-se de propriedade resolúvel, arcando com as despesas de manutenção;

c) Não utilizar o subsolo, exceto se for inerente à construção ou se a Superfície for efetivada sob a égide do Estatuto da Cidade;

d) Pagar o valor (parcelado ou fixo) que eventualmente tiver sido acordado, denominado pensão ou cânon;

e) Pagar os encargos e tributos incidentes sobre o imóvel, tais como IPTU ou ITR;

f) Destinar o imóvel ao uso previsto no ato de constituição;

g) Permitir ao proprietário que fiscalize o imóvel para que constate a regularidade do exercício da posse direta e das acessões nos termos do pacto;

h) Dar ao proprietário preferência na aquisição da superfície caso pretenda a transferi-la onerosamente;

i) Finda a Superfície desocupar o imóvel entregando-o ao concedente com todas as acessões que realizou, não fazendo jus a qualquer valor, exceto se houver pacto neste sentido.

20. A Extinção

Dispõe o Código Civil:

Art. 1.374. Antes do termo final, resolver-se-á a concessão se o superficiário der ao terreno destinação diversa daquela para que foi concedida.

Art. 1.375. Extinta a concessão, o proprietário passará a ter a propriedade plena sobre o terreno, construção ou plantação, independentemente de indenização, se as partes não houverem estipulado o contrário.

E o Estatuto da Cidade:

Art. 24. Extinto o direito de superfície, o proprietário recuperará o pleno domínio do terreno, bem como das acessões e benfeitorias introduzidas no imóvel, independentemente de indenização, se as partes não houverem estipulado o contrário no respectivo contrato.

...

§ 2º A extinção do direito de superfície será averbada no cartório de registro de imóveis.

Analisando os dispositivos transcritos concluímos que o meio ordinário da extinção do Direito de Superfície é a data pactuada no ato de constituição para que o superficiário desocupe o imóvel e devolva ao concedente a posse direta e a propriedade plena do solo e das construções e plantações ali erigidas ou, se a Superfície estiver sob a égide do Estatuto da Cidade, a data em que o superficiário tiver sido notificado para a desocupação.

Questão interessante já abordada quando tratamos da onerosidade do Direito de Superfície diz respeito à incorporação ao solo das acessões feitas pelo superficiário por ocasião do término de seu direito real. A regra imposta pelos artigos 1375 do Código e 24 do Estatuto, supra transcritos, estabelece que todas as acessões feitas pelo superficiário serão incorporadas ao imóvel e passarão, após o término do Direito de Superfície a ser de propriedade exclusiva do concedente, sem qualquer retribuição econômica. Ou seja, após o termo final ou o prazo da notificação de resilição, deve o superficiário desocupar o imóvel, deixando ao concedente o domínio pleno de tudo que erigiu nos exatos termos do pacto de constituição, sem qualquer indenização[166].

Todavia, os mesmos dispositivos previram a possibilidade de se estipular no ato da constituição que o superficiário fará jus a um valor no término do contrato. Ressalte-se que este valor a ser exigido pelo superficiário tem caráter supletivo, isto é, como regra a desocupação deve ocorrer sem qualquer pagamento por parte do concedente, exceto se houver pacto expresso no sentido do pagamento.

Passemos a estudar as situações que podem ensejar a extinção do Direito de Superfície.

20.1 Pelo Decurso do Tempo

Dispõe a Lei 10.406/02 (Código Civil) e a Lei 10.257/01 (Estatuto da Cidade):

> Art. 1.374. Antes do termo final, resolver-se-á a concessão se o superficiário der ao terreno destinação diversa daquela para que foi concedida.
>
> Art. 23. Extingue-se o direito de superfície:
> I – pelo advento do termo;

Como já afirmado, a causa comum e inevitável do término da relação proprietário-superficiário, ocorrerá com a chegada do termo previsto no ato de constituição, caso a Superfície tenha prazo determinado, o que sempre ocorrerá sob a égide

---

[166] Seria melhor se o legislador não tivesse utilizado o termo indenização, pois este tem como premissa um dano (indenização significa "retirar o dano") e, sim retribuição.

do Código Civil (art. 1369)[167]. Caso tenha sido regulado pelo Estatuto da Cidade, a Superfície extinguir-se-á na data prevista contratualmente ou, se por prazo indeterminado, com o prazo fixado na notificação de resilição unilateral.

Repise-se que com o fim da relação jurídica, o superficiário deverá desocupar o imóvel, transmitindo a posse direta ao concedente com as acessões (plantações e construções) que ali erigiu sem qualquer retribuição pecuniária, exceto se houver expressa disposição em sentido contrário. Sobre a questão comenta Luiz Ricardo Guimarães[168]:

> ... vai ser muito difícil ser estipulada certa indenização ao final, pois os proprietários de imóveis não vão querer investir dinheiro em algo já pronto em seu terreno.

20.2 Pelo Exercício do Direito Potestativo

Como dito várias vezes, o Estatuto da Cidade (Lei 10.257/01) permite em seu artigo 21 a constituição do Direito de Superfície por prazo indeterminado. Tal fato gera, inexoravelmente, uma situação de hipossuficiência do superficiário em relação ao concedente.

Imagina-se uma situação em que o superficiário realizou no imóvel grandes investimentos visando a explorá-lo por um prazo razoavelmente dilatado com o escopo de recuperar o valor das benfeitorias, bem como o lucro inerente a sua atividade. Se, eventualmente, este superficiário estiver submetido ao livre arbítrio do concedente no que diz respeito ao término da superfície, certamente, se houver resilição unilateral em prazo inferior à sua expectativa, tal fato constituir-se-á em uma lide a ser dirimida pelo Poder Judiciário.

---

[167] Assim como no Direito Chileno citado por Arditi *in El Derecho de* Superfície na página 62.

[168] GUIMARÃES, Luiz Ricardo. *Direito de Superfície e o Instituto da Enfiteuse na Transição Legislativa Brasileira. In Novo Código Civil – Interfaces no Ordenamento Jurídico Brasileiro.* Minas Gerais: Del Rey, 2003. P. 250.

Afinal, se ocorreu grandes investimentos por parte do superficiário e o concedente receber o imóvel sem indenizá-lo estaremos diante de um enriquecimento sem causa, o que é vedado por nosso direito.

Mais uma vez aqui cumpre recomendar a estipulação de prazo mínimo no Direito de Superfície, podendo, inclusive, sem maiores problemas, estipular que após o prazo mínimo ocorrerá prorrogação por prazo indeterminado, sendo assim, mediante simples notificação será extinto o direito, concedendo ao superficiário prazo razoável para a desocupação do imóvel.

Caso ocorra a resilição unilateral e o superficiário sentir-se prejudicado em razão dos vultosos investimentos realizados, poderá pretender judicialmente a postergação do prazo concedido pelo proprietário, evitando o locupletamento sem causa deste e homenageando a razoabilidade, com fulcro no artigo 473 do Código Civil, que assim dispõe:

> Art. 473. A resilição unilateral, nos casos em que a lei expressa ou implicitamente o permita, opera mediante denúncia notificada à outra parte.
>
> Parágrafo único. Se, porém, dada a natureza do contrato, uma das partes houver feito investimentos consideráveis para a sua execução, a denúncia unilateral só produzirá efeito depois de transcorrido prazo compatível com a natureza e o vulto dos investimentos.

20.3 Por Abandono e Perecimento

Ensina Arnaldo Rizzardo[169]:

> O abandono, revelado na conduta ostentada pelo titular do direito, mesmo que nem sempre de modo expresso, indicativa da vontade de não mais manter a relação de proveito de superfície. Simplesmente o beneficiário deixa de lado as construções ou plantações que fez no imóvel, não mais comparecendo ao

---
[169] Op. Cit. p. 866.

local, resultando em completa deterioração, e ensejando a conclusão de total desinteresse. Há necessidade de uma declaração judicial, para tornar perfeito o direito à retomada da superfície, com a citação do superficiário.

De fato, uma das causas da perda da propriedade é o abandono e o perecimento da coisa[170], presume-se de forma relativa, ou seja, cabendo provar o contrário, que ao abandonar o imóvel e permitir que as acessões que realizou se deteriorem, o superficiário não tem mais interesse em deter a Superfície e exercer seus direitos, cabendo, portanto, ao concedente ajuizar uma Ação Declaratória-Constitutiva para que judicialmente se declare extinto o Direito de Superfície, consolidando no proprietário o domínio das construções e plantações em conjunto com o terreno.

20.4 Por Comportamento Irregular do Superficiário

Dispõe o Código Civil

> Art. 1.374. Antes do termo final, resolver-se-á a concessão se o superficiário der ao terreno destinação diversa daquela para que foi concedida.

E o Estatuto da Cidade:

> Art. 23. Extingue-se o direito de superfície:
> ...
> II – pelo descumprimento das obrigações contratuais assumidas pelo superficiário.
>
> Art. 24. Extinto o direito de superfície, o proprietário recuperará o pleno domínio do terreno, bem como das acessões e benfeitorias introduzidas no imóvel, independentemente de indenização, se as partes não houverem estipulado o contrário no respectivo contrato.

---

[170] Dispõe o Código Civil: Art. 1.275. Além das causas consideradas neste Código, perde-se a propriedade:
...
III – por abandono;
IV – por perecimento da coisa;

§ 1º Antes do termo final do contrato, extinguir-se-á o direito de superfície se o superficiário der ao terreno destinação diversa daquela para a qual for concedida.

Como em qualquer outra relação jurídica, caso uma das partes venha a descumprir o pactuado haverá, para o inadimplente, sanções[171].

No Direito de Superfície não é diferente. As leis supra transcritas, deixam claro que se o superficiário vier a construir ou plantar algo diverso do que foi pactuado no documento de constituição, arcará não somente com as perdas e danos que causar, mas também com a perda do seu direito de superficiário.

Afinal, como já discorremos qualquer alteração nas acessões que foram pactuadas dependem da anuência do concedente e respectiva alteração no documento de constituição e novo registro imobiliário.

Diante da assertiva do parágrafo anterior, urge ressaltar que tem o concedente o direito de vistoriar o imóvel, para que constate eventual descumprimento das cláusulas pactuadas na constituição como se a obra está seguindo os padrões de engenharia estipulados contratualmente, bem como, diante do eventual direito de se tornar proprietário das acessões realizadas pelo superficiário por ocasião do término do prazo, possui, nos termos do artigo 130 do Código Civil[172], a capacidade de atuar com o escopo da conservação dos bens que futuramente deverão incorporar-se ao seu patrimônio.

Não obstante a possibilidade da extinção da Superfície em razão do inadimplemento do superficiário no que concerne à

---

[171] Nos termos do artigo 475 do Código Civil: A parte lesada pelo inadimplemento pode pedir a resolução do contrato, se não preferir exigir-lhe o cumprimento, cabendo, em qualquer dos casos, indenização por perdas e danos.
[172] Art. 130. Ao titular do direito eventual, nos casos de condição suspensiva ou resolutiva, é permitido praticar os atos destinados a conservá-lo.

sua obrigação de construir ou plantar, o concedente possui outra alternativa que talvez lhe seja mais conveniente, qual seja, o ajuizamento de um Ação Cominatória onde, com fulcro no artigo 461 do Código de Processo Civil[173], pode requerer ao juiz que determine o cumprimento da obrigação de construir ou plantar sob pena de multa diária denominada *astreinte*[174].

Vale recomendar neste momento do trabalho, ainda que por óbvio, que o documento de constituição da Superfície deverá conter, de forma extremamente pormenorizada, aspectos de forma e tempo das acessões que serão realizadas pelo superficiário. Assim, caso a superfície seja concedida para que se construa no imóvel, o documento deverá ser fei-

---

[173] Art. 461. Na ação que tenha por objeto o cumprimento de obrigação de fazer ou não fazer, o juiz concederá a tutela específica da obrigação ou, se procedente o pedido, determinará providências que assegurem o resultado prático equivalente ao do adimplemento.

§ 1º A obrigação somente se converterá em perdas e danos se o autor o requerer ou se impossível a tutela específica ou a obtenção do resultado prático correspondente.

§ 2º A indenização por perdas e danos dar-se-á sem prejuízo da multa (art. 287).

§ 3º Sendo relevante o fundamento da demanda e havendo justificado receio de ineficácia do provimento final, é lícito ao juiz conceder a tutela liminarmente ou mediante justificação prévia, citado o réu. A medida liminar poderá ser revogada ou modificada, a qualquer tempo, em decisão fundamentada.

§ 4º O juiz poderá, na hipótese do parágrafo anterior ou na sentença, impor multa diária ao réu, independentemente de pedido do autor, se for suficiente ou compatível com a obrigação, fixando-lhe prazo razoável para o cumprimento do preceito.

§ 5º Para a efetivação da tutela específica ou a obtenção do resultado prático equivalente, poderá o juiz, de ofício ou a requerimento, determinar as medidas necessárias, tais como a imposição de multa por tempo de atraso, busca e apreensão, remoção de pessoas e coisas, desfazimento de obras e impedimento de atividade nociva, se necessário com requisição de força policial.

[174] Astreinte, do latim *astringere*, de *ad* e *stringere*, apertar, compelir, pressionar. *In* Wikipedia.

to na forma de memorial descritivo elaborado por profissional de engenharia, onde constarão todos os detalhes da obra, tais como metragem, acabamento, destinação (comercial ou residencial), prazo de término, etc. Da mesma forma, se se tratar de plantação, deverá constar qual cultura será implantada, quantas safras poderão ser colhidas, possibilidade de mudança do vegetal, etc.

Nos termos expressos na lei, se o superficiário der destinação diversa ao solo daquilo que foi pactuado, caberá ao mesmo a responsabilidade pelo término do Direito de Superfície, além de, naturalmente, arcar com os prejuízos que tenha causado ao concedente.

Também acarretará a extinção da Superfície o inadimplemento por parte do superficiário em relação aos encargos e tributos que deve suportar por força da lei (artigo 1371 do Código Civil e 21 §3º do Estatuto da Cidade) ou do ato constitutivo.

Outrossim, caso tenha sido convencionado que o superficiário deverá pagar periodicamente determinado valor ao concedente, este, em caso de inadimplemento do superficiário, poderá pleitear a extinção da superfície, além de mover a respectiva ação de cobrança[175] que, naturalmente, deverá ser compensada com eventuais benfeitorias que vier a receber, conforme dispõe o Código Civil:

> Art. 1.219. O possuidor de boa-fé tem direito à indenização das benfeitorias necessárias e úteis, bem como, quanto às voluptuárias, se não lhe forem pagas, a levantá-las, quando o puder sem detrimento da coisa, e poderá exercer o direito de retenção pelo valor das benfeitorias necessárias e úteis.
>
> Art. 1.221. As benfeitorias compensam-se com os danos, e só obrigam ao ressarcimento se ao tempo da evicção ainda existirem.

---

[175] Havendo o juiz de fixar prazo para a purgação da mora, evitando a extinção e propiciando maior estabilidade na relação jurídica.

Assim, se a superfície vier a ser extinta por culpa do superficiário, as perdas e danos com que este vier a arcar, deverão ser compensadas com eventuais bônus auferidos pelo concedente em razão das benfeitorias erigidas pelo superficiário, sob pena de enriquecimento ilícito, inclusive com o exercício do direito de retenção[176].

20.5 Por Desapropriação

A desapropriação, ou seja, ato do Estado de retirar a propriedade particular tornando-a pública para cumprir algum interesse, necessidade ou a tornar útil à sociedade, é outra causa motivadora da extinção do Direito de Superfície.

Dispõe o Código Civil:

> Art. 1.376. No caso de extinção do direito de superfície em conseqüência de desapropriação, a indenização cabe ao proprietário e ao superficiário, no valor correspondente ao direito real de cada um.

Desta forma se a União, Estado ou Município, transferirem para o patrimônio público uma propriedade particular que é objeto de Direito de Superfície, o valor pago pela desapropriação deverá ser repartido entre o proprietário da terra nua e o superficiário que investiu no imóvel quando construiu ou plantou, afinal, lembremos a Constituição Federal:

> Art. 5º. ...
>
> XXIV – a lei estabelecerá o procedimento para desapropriação por necessidade ou utilidade pública, ou por interesse social, mediante justa e prévia indenização em dinheiro, ressalvados os casos previstos nesta Constituição

---

[176] Neste sentido Marco Aurélio S. Viana in Curso de Direito Civil (obra citada) p. 286: "Se houver direito de o superficiário haver indenização pelas construções e plantações, com a extinção ele pode exigir o pagamento, exercendo, a nosso ver, para esse fim, o direito de retenção.

A polêmica surge no momento em que se deve estabelecer quais os critérios utilizados pelo concedente e o superficiário na repartição do valor pago pelo desapropriante.

Certamente caberá a uma perícia por profissionais de engenharia e de corretagem de imóveis a incumbência de demonstrar o valor que cada parte fará jus. Vários critérios servirão como fundamentação pericial:

a) O valor da terra nua em comparação com o valor das acessões realizadas pelo superficiário;

b) O tempo faltante entre a data da desapropriação e respectiva imissão na posse do desapropriante e o termo final da Superfície;

c) Os lucros cessantes suportados pelo superficiário em razão da perda da posse e exploração de suas acessões;

Neste sentido o Enunciado 322 aprovado na IV Jornada de Direito Civil do Conselho da Justiça Federal:

> O momento da desapropriação e as condições da concessão superficiária serão considerados para fins da divisão do montante indenizatório (art. 1.376), constituindo-se litisconsórcio passivo necessário simples entre proprietário e superficiário.

20.6 Por Renúncia do Superficiário

A renúncia nada mais é que o abandono expresso. Assim, caso o superficiário deseje extinguir a superfície deverá celebrar uma escritura pública de renúncia e, posteriormente, averbá-la na matrícula imobiliária, dando fim à Superfície.

20.7 Por Confusão

Ocorre a confusão quando reúne-se em uma só pessoa as qualidades de proprietário e concedente, fazendo com que, pela própria natureza de Direito Real sobre Coisa Alheia, a Superfície venha a ser extinta.

Tal situação pode ocorrer quando o superficiário tem como único herdeiro o concedente ou vice-versa. Destarte, com a morte do superficiário seus direitos seriam transmitidos ao proprietário, seu único herdeiro, por força do artigo 1372[177], confundindo-se em uma só pessoa as qualidade de proprietário e superficiário, acarretando a extinção da Superfície por confusão.

Por outro lado, caso o proprietário faleça durante o prazo da Superfície e tenha como único herdeiro o superficiário, este herdará o domínio nos termos do artigo 1784 do Código Civil[178], confundindo-se em uma só pessoa ambos os pólos da relação jurídica, extinguindo o Direito Real sobre Coisa Alheia.

20.8 Pelo Falecimento do Superficiário sem Herdeiros

Se o superficiário for pessoa natural e falecer sem deixar herdeiros[179], outra solução não se vislumbra exceto a extinção do Direito de Superfície.

Por outro lado, se o proprietário falecer sem herdeiros não ocorrerá a extinção da superfície, uma vez que a propriedade será transmitida ao Município onde estiver localizado o imóvel, ou à União se estiver em território federal, devendo o adquirente respeitar os direitos do superficiário nos termos em que foi constituído.

20.9 Por Resilição Bilateral

Naturalmente, as partes, de comum acordo, podem celebrar um distrato, também por escritura pública, extinguindo

---

[177] Art. 1.372. O direito de superfície pode transferir-se a terceiros e, por morte do superficiário, aos seus herdeiros
[178] Art. 1.784. Aberta a sucessão, a herança transmite-se, desde logo, aos herdeiros legítimos e testamentários.
[179] Segundo o artigo 1839 do Código Civil é possível a transmissão da herança até parentes de quarto grau.

DIREITO DE SUPERFÍCIE

o Direito de Superfície, levando-o ao Cartório de Registro de Imóveis para que se averbe a extinção dando fim à relação jurídica.

20.10 Por Prescrição

Como discorremos acima quando tratamos da constituição do Direito de Superfície, ainda que dificilmente ocorra na prática, é possível a aquisição da superfície via usucapião (ou prescrição aquisitiva).

Por outro lado, entendo perfeitamente possível a extinção do direito de superfície em razão da aquisição da propriedade via usucapião, pois, por se tratar de direito acessório, caso o principal (propriedade) tenha sido extinto, a superfície também o será.

Tal fato poderá ocorrer em duas hipóteses. A primeira quando o próprio superficiário ajuizar a Ação de Usucapião alegando que mesmo após o termo final da Superfície o concedente permaneceu inerte, passando então a possuir com *animus domini*[180] o imóvel que possuía com ânimo de superficiário, de forma mansa, pacífica e ininterrupta pelo prazo[181]

---

[180] Vontade de dono (um dos requisitos para se obter a propriedade via usucapião).

[181] O Código Civil prevê que a usucapião de bens imóveis pode ocorrer diante de uma posse mansa, pacífica, ininterrupta, com ânimo de dono por 05, 10 ou 15 anos, dependendo da modalidade escolhida pelo usucapiente, vejamos a lei:
CAPÍTULO II
Da Aquisição da Propriedade Imóvel
Seção I
Da Usucapião
Art. 1.238. Aquele que, por quinze anos, sem interrupção, nem oposição, possuir como seu um imóvel, adquire-lhe a propriedade, independentemente de título e boa-fé; podendo requerer ao juiz que assim o declare por sentença, a qual servirá de título para o registro no Cartório de Registro de Imóveis.

que a lei exige, ensejando o cumprimento de todos os requisitos para se obter a propriedade via usucapião.

A segunda quando o superficiário não exercer sobre o imóvel a posse direta, ensejando que terceiros ajuízem con-

Parágrafo único. O prazo estabelecido neste artigo reduzir-se-á a dez anos se o possuidor houver estabelecido no imóvel a sua moradia habitual, ou nele realizado obras ou serviços de caráter produtivo.
Art. 1.239. Aquele que, não sendo proprietário de imóvel rural ou urbano, possua como sua, por cinco anos ininterruptos, sem oposição, área de terra em zona rural não superior a cinqüenta hectares, tornando-a produtiva por seu trabalho ou de sua família, tendo nela sua moradia, adquirir-lhe-á a propriedade.
Art. 1.240. Aquele que possuir, como sua, área urbana de até duzentos e cinqüenta metros quadrados, por cinco anos ininterruptamente e sem oposição, utilizando-a para sua moradia ou de sua família, adquirir-lhe-á o domínio, desde que não seja proprietário de outro imóvel urbano ou rural.
§ 1º O título de domínio e a concessão de uso serão conferidos ao homem ou à mulher, ou a ambos, independentemente do estado civil.
§ 2º O direito previsto no parágrafo antecedente não será reconhecido ao mesmo possuidor mais de uma vez.
Art. 1.241. Poderá o possuidor requerer ao juiz seja declarada adquirida, mediante usucapião, a propriedade imóvel.
Parágrafo único. A declaração obtida na forma deste artigo constituirá título hábil para o registro no Cartório de Registro de Imóveis.
Art. 1.242. Adquire também a propriedade do imóvel aquele que, contínua e incontestadamente, com justo título e boa-fé, o possuir por dez anos.
Parágrafo único. Será de cinco anos o prazo previsto neste artigo se o imóvel houver sido adquirido, onerosamente, com base no registro constante do respectivo cartório, cancelada posteriormente, desde que os possuidores nele tiverem estabelecido a sua moradia, ou realizado investimentos de interesse social e econômico.
Art. 1.243. O possuidor pode, para o fim de contar o tempo exigido pelos artigos antecedentes, acrescentar à sua posse a dos seus antecessores (art. 1.207), contanto que todas sejam contínuas, pacíficas e, nos casos do art. 1.242, com justo título e de boa-fé.
Art. 1.244. Estende-se ao possuidor o disposto quanto ao devedor acerca das causas que obstam, suspendem ou interrompem a prescrição, as quais também se aplicam à usucapião.

tra o proprietário a Usucapião e, tendo êxito, por se tratar de forma de aquisição originária da propriedade, faça extinguir a superfície (neste último caso deve existir um litisconsórcio passivo necessário entre o superficiário e concedente).

20.11 Por Decisão Judicial

Se a extinção decorrer de sentença judicial em razão de litígio envolvendo o concedente e o superficiário, deve a parte interessada levá-la ao Cartório de Registro de Imóveis para que este proceda à transcrição na matrícula imobiliária do imóvel para que se averbe a extinção.

Várias são as hipóteses de lide envolvendo as partes, tais como:

a) Se o superficiário está erigindo as acessões conforme pactuado;

b) Se existe pontualidade no pagamento de eventual cânon e, por conseguinte, razão para a extinção por inadimplência;

c) Se o superficiário está cumprindo com suas obrigações tributárias e se este fato é suficiente para a extinção;

d) Se a resilição unilateral nas superfícies sem prazo determinado poder-se-ia realizar em um determinado momento.

20.12 Outras Causas Previstas no Ato Instituidor

Poderão ainda o concedente e o superficiário estipularem, no ato de constituição, outras causas de extinção, como a morte de uma das partes, o nascimento de um herdeiro, a alteração da situação econômica do país ou de uma das partes, a supervalorização de determinada moeda, a alteração do plano urbanístico do imóvel, a mudança de zoneamento urbano, ou qualquer outro evento futuro lícito que altere a situação econômica ou jurídica da relação.

20.13 Aspectos Processuais no Caso da Recusa da Devolução do Imóvel

Caso o superficiário recuse-se a devolver a posse direta ao concedente, restará a este ajuizar uma Ação de Reintegração de Posse em razão do esbulho sofrido, uma vez que a posse do superficiário passará a ser injusta[182] em razão da precariedade, nos termos do artigo 926 do Código de Processo Civil e 1210 do Código Civil:

> Art. 926. O possuidor tem direito a ser mantido na posse em caso de turbação e reintegrado no de esbulho.
>
> Art. 1.210. O possuidor tem direito a ser mantido na posse em caso de turbação, restituído no de esbulho, e segurado de violência iminente, se tiver justo receio de ser molestado.

Outra alternativa processual será o ajuizamento de uma Ação Reivindicatória, uma vez que o proprietário estará privado do direito de usar de um bem de sua propriedade sem causa jurídica, nos termos do artigo 1228 do Código Civil:

> Art. 1.228. O proprietário tem a faculdade de usar, gozar e dispor da coisa, e o direito de reavê-la do poder de quem quer que injustamente a possua ou detenha.

Por fim, poderá ainda o concedente, caso o superficiário não desocupe o imóvel, ajuizar uma Ação Cominatória, com fulcro no artigo 461-A do Código de Processo Civil que assim dispõe:

> Art. 461-A. Na ação que tenha por objeto a entrega de coisa, o juiz, ao conceder a tutela específica, fixará o prazo para o cumprimento da obrigação.
>
> ...
>
> § 2º Não cumprida a obrigação no prazo estabelecido, expedir-se-á em favor do credor mandado de busca e apreensão ou de imissão na posse, conforme se tratar de coisa móvel ou imóvel.

---

[182] Afirma o Código Civil: art. 1.200. É justa a posse que não for violenta, clandestina ou precária.

DIREITO DE SUPERFÍCIE

Devido à possibilidade de se obter uma liminar, isto é, uma prestação judicial rápida determinando a desocupação imediata do imóvel caso a Ação tenha sido proposta dentro do prazo de ano e dia do término da Superfície, será o procedimento possessório o mais eficaz à satisfação do interesse do proprietário/autor. Vejamos os dispositivos do Código de Processo Civil:

> Art. 924. Regem o procedimento de manutenção e de reintegração de posse as normas da seção seguinte, quando intentado dentro de ano e dia da turbação ou do esbulho; passado esse prazo, será ordinário, não perdendo, contudo, o caráter possessório.
>
> Art. 928. Estando a petição inicial devidamente instruída, o juiz deferirá, sem ouvir o réu, a expedição do mandado liminar de manutenção ou de reintegração; no caso contrário, determinará que o autor justifique previamente o alegado, citando-se o réu para comparecer à audiência que for designada.

20.14 Da Necessidade de Averbação na Matrícula Imobiliária da Extinção da Superfície

A extinção do Direito de Superfície à semelhança da sua constituição, deverá estar averbada na matrícula imobiliária correspondente.

Neste sentido a Lei 6015/73 (Lei de Registros Públicos):

> Art. 167 – No Registro de Imóveis, além da matrícula, serão feitos.
>
> I – o registro:
>
> 1 a 38)...
>
> 39) da constituição do direito de superfície de imóvel urbano;
>
> II – a averbação:
>
> 1 a 19)...
>
> 20) da extinção do direito de superfície do imóvel urbano.

O escopo de tal determinação, conforme já discorri, é dar publicidade ao início e ao fim do Direito Real, propiciando que toda a sociedade saiba de sua existência, gerando a seu titular a oponibilidade *erga omnes*[183] de seus direitos.[184]

21. O Direito de Superfície e outros Institutos Jurídicos

O Direito de Superfície possui semelhanças com outros institutos, passaremos, então, a discorrer sobre os pontos de coincidência e distinção com alguns deles.

21.1 O Direito de Superfície e o Arrendamento

A primeira e mais importante distinção diz respeito à própria natureza dos institutos. Enquanto a Superfície é um direito real o Arrendamento é um direito obrigacional (ou pessoal), acarretando com isto todas as características próprias da natureza do direito os distinguindo. Assim, a Superfície é uma relação jurídica de pessoa a coisa, é atributiva, possui poder de sequela a seus titulares e oponibilidade *erga omnes*, enquanto no Arrendamento a relação é meramente entre pessoas, cooperando entre si, sem poder de sequela e com oponibilidade *inter partes*.

Com efeito, ainda que de forma resolúvel, o superficiário possui a propriedade das acessões que erigiu, enquanto o arrendatário, muito embora seja também possuidor direto como o superficiário, a sua condição é meramente de submissão aos termos do contrato de arrendamento, não possuindo sobre o bem qualquer direito dominial.

Outro aspecto diz respeito à contrapartida pela cessão da posse direta. Afinal, enquanto é da essência do arrendamen-

---

[183] Oponibilidade contra todos, ou seja, qualquer pessoa que venha a importunar o exercício de um direito real pode ser repelida por seu titular.
[184] Interessante conhecer o Direito Registral alemão na obra de Hedemann (Derechos Reales) que possui princípios coincidentes com o sistema brasileiro, tais como a publicidade e a prioridade.

to a prestação pecuniária por parte do arrendatário, na Superfície, em regra, não existe esta contraprestação.

21.2 O Direito de Superfície e o Usufruto

Embora a Superfície e o Usufruto sejam direitos reais, existem entre eles algumas diferenças.

A primeira é a impossibilidade de o usufrutuário alienar seu direito[185], uma vez que foi concedido de forma personalíssima, enquanto o superficiário, após dar preferência ao concedente, pode alienar a propriedade superficiária a terceiros, naturalmente, devendo o adquirente observar as cláusulas previstas no ato de constituição.

Outra distinção ocorre em relação à morte do detentor do direito real sobre coisa alheia. Enquanto a morte do superficiário acarreta tão somente a transmissão de seus direitos a seus herdeiros, a morte do usufrutuário, pelos motivos elencados no parágrafo anterior, gera a extinção do usufruto[186].

Ademais, o usufruto é mais amplo que a superfície, pois este (o superficiário) tem poder apenas sobre a construção ou plantação que fez, enquanto o usufrutuário o tem sobre todo o bem.

Por fim, registre-se que o usufruto é gratuito e a superfície pode ser ou não, podendo aquele recair sobre bens móveis e imóveis, enquanto este recai apenas sobre imóveis edificáveis ou agricultáveis.

---

[185] Código Civil: Art. 1.393. Não se pode transferir o usufruto por alienação; mas o seu exercício pode ceder-se por título gratuito ou oneroso.
[186] Código Civil: Art. 1.410. O usufruto extingue-se, cancelando-se o registro no Cartório de Registro de Imóveis:
I – pela renúncia ou morte do usufrutuário;
...

21.3 O Direito de Superfície e a Servidão

A servidão tem como essência a situação de inferioridade do proprietário do prédio serviente em relação ao dominante, devendo aquele suportar um ônus em favor deste, como a passagem ou uma obrigação de não-fazer[187].

Ademais, como no usufruto a servidão é inalienável, pois não se separa o ônus que suporta o prédio serviente do direito de propriedade, enquanto na superfície, como vimos, durante o prazo pactuado ambas as partes, superficiário e concedente, após a prelação recíproca, podem alienar a terceiros seus direitos, permanecendo incólume o direito constituído.

Também vale registrar que a servidão pode abranger o subsolo (passagem de fios e tubulação), não possui em regra prazo certo e normalmente será onerosa, uma vez que existe um ônus a ser suportado pelo proprietário do prédio serviente.

Finalmente, na Servidão existirão obrigatoriamente dois prédios com proprietários diversos, um suportando um ônus em favor do outro, enquanto na superfície existe apenas um imóvel com dois detentores de direitos reais, sem qualquer grau de inferioridade, um exercendo direitos resolúveis sobre as acessões que erigiu e o outro mantendo a sua propriedade sobre a terra nua no aguardo do fim do prazo pactuado, para que possa consolidar a posse direta e a propriedade plena (do solo e das acessões).

21.4 O Direito de Superfície e a Concessão de Direito Real de Uso

O Direito Real de Uso aproxima-se da Superfície na medida em que ambos têm por escopo a busca pela função social

---

[187] Código Civil: Art. 1.378. A servidão proporciona utilidade para o prédio dominante, e grava o prédio serviente, que pertence a diverso dono, e constitui-se mediante declaração expressa dos proprietários, ou por testamento, e subsequente registro no Cartório de Registro de Imóveis.

da propriedade. Todavia, no Uso o poder concedente que sempre é ente estatal (ao contrário da superfície que pode ser pessoa jurídica de direito privado ou natural) permanece como único proprietário, ficando o particular apenas com o direito de uso personalíssimo do imóvel. Ademais, caso o particular venha a fazer benfeitorias no imóvel, tais acessões incorporar-se-ão imediatamente ao patrimônio do concedente, não havendo de se falar em desmembramento da propriedade.

Como consequência da manutenção da propriedade plena nas mãos do poder concedente, o detentor do direito real de uso não pode alienar a terceiros, constituir hipoteca ou usufruto sobre o imóvel, nem tampouco fazer uso do direito petitório, isto é, defender a sua posse com fundamento dominial.

Ademais, as obras erigidas sob a égide da Concessão de Uso sempre, irremediavelmente, devem atender a um interesse público, tais como casas populares, escolas, hospitais; enquanto na Superfície, constituída sob a ótica do Direito Privado os investimentos podem apenas visar ao interesse econômico das partes envolvidas.

Finalmente, deve ser ressaltado que no Direito Real de Uso não existe a obrigatoriedade de o concessionário construir ou plantar no imóvel. A exploração, ao contrário da Superfície, pode decorrer do simples uso do solo, como para o depósito e filtragem da coleta de material reciclável, comum nas grandes cidades.

21.5 O Direito de Superfície e a Enfiteuse

A Enfiteuse[188] é o instituto jurídico que mais se aproxima da Superfície, sendo comum falar que este veio em substi-

---

[188] Código Civil de 1916: Art. 678. Dá-se a enfiteuse, aforamento, ou emprazamento, quando por ato entre vivos, ou de última vontade, o pro-

tuição daquele que tem características anacrônicas, inclusive tendo sido proibidas novas constituições desde 11 de janeiro de 2003, com o advento do atual Código Civil[189].

De fato, as próprias origens dos institutos guardam semelhanças na medida em que remetem a Roma e à necessidade de se fixar pessoas em determinadas regiões com objetivo de resguardar as conquistas bélicas.

O desdobramento da propriedade é outra característica comum a ambos os direitos. Afinal, na superfície o concedente permanece com a propriedade do solo e o superficiário, ainda que de forma resolúvel, com a propriedade das construções e plantações. Na enfiteuse, semelhantemente, temos o enfiteuta com o domínio útil enquanto o proprietário permanece apenas com a posse indireta.

Muito embora a semelhança, inclusive tendo sido chamada por Adriano Stanley[190] de "prima-irmã da enfiteuse", significativas são as diferenças, que assim podemos elencar:

a) A Superfície é sempre temporária e com prazo determinado (exceto no Estatuto da Cidade) e a Enfiteuse é perpétua[191]. Assim, com a morte do enfiteuta esta se transmitirá a seus herdeiros e assim sucessivamente sem qualquer caráter resolúvel;

b) O enfiteuta sempre está submetido ao pagamento de um valor fixo anual a título de foro ou cânon ao senhorio.

---

prietário atribui a outrem o domínio útil do imóvel, pagando a pessoa, que o adquire, e assim se constitui enfiteuta, ao senhorio direto uma pensão, ou foro, anual, certo e invariável.
[189] Código Civil: Art. 2.038. Fica proibida a constituição de enfiteuses e subenfiteuses, subordinando-se as existentes, até sua extinção, às disposições do Código Civil anterior, Lei no 3.071, de 1o de janeiro de 1916, e leis posteriores.
[190] Op. Cit. p. 159.
[191] Código Civil de 1916: Art. 679. O contrato de enfiteuse é perpétuo. A enfiteuse por tempo limitado considera-se arrendamento, e como tal se rege.

Na superfície, caso não haja estipulação contrária, o superficiário não tem prestação pecuniária em favor do concedente.

Outrossim, o simples inadimplemento único por parte do enfiteuta não propicia ao senhorio requerer a extinção da enfiteuse, pois isto só é possível com o comisso[192] (atraso de 03 parcelas anuais consecutivas), já na superfície não existe tal condição, sendo qualquer inadimplemento por parte do superficiário causa para a extinção de seu direito;

c) Caso o enfiteuta decida alienar seus direitos, obrigatoriamente pagará ao senhorio um valor que corresponde a 2,5% da transação, a título de laudêmio[193]. Esta cobrança é peremptoriamente proibida no Direito de Superfície;

d) É permitido ao enfiteuta tornar-se proprietário pleno mediante o direito potestativo de resgate[194], ou seja, poderá pagar ao senhorio um valor correspondente a dez foros e um laudêmio, extinguindo a enfiteuse. A superfície, por sua vez, extinguir-se-á normalmente pelo decurso do tempo, não possuindo o superficiário o poder de resgate;

---

[192] Código Civil de 1916: Art. 692. A enfiteuse extingue-se:

...

II – pelo comisso, deixando o foreiro de pagar as pensões devidas, por 3 (três) anos consecutivos, caso em que o senhorio o indenizará das benfeitorias necessárias;

...

[193] Código Civil de 1916: Art. 686. Sempre que se realizar a transferência do domínio útil, por venda ou dação em pagamento, o senhorio direto, que não usar da opção, terá direito de receber do alienante o laudêmio, que será de 2,5% (dois e meio por cento) sobre o preço da alienação, se outro não se tiver fixado no título de aforamento.

[194] Código Civil de 1916: Art. 693. Todos os aforamentos, inclusive os constituídos anteriormente a este Código, salvo acordo entre as partes, são resgatáveis 10 (dez) anos depois de constituídos, mediante pagamento de um laudêmio, que será de 2,5% (dois e meio por cento) sobre o valor atual da propriedade plena, e de 10 (dez) pensões anuais pelo foreiro, que não poderá no seu contrato renunciar ao direito de resgate, nem contrariar as disposições imperativas deste Capítulo.

e) O superficiário deverá somente plantar ou construir no imóvel, explorando as suas acessões, sem utilizar-se do subsolo (exceto se inerente à acessão ou constituído sob a égide do Estatuto da Cidade). Já o enfiteuta possui maior amplitude no exercício de sua posse, utilizando o imóvel da maneira que melhor lhe convier, inclusive em relação ao subsolo.

21.6 O Direito de Superfície, a Outorga Onerosa do Direito de Construir e o Solo Criado

Dispõe o Estatuto da Cidade (lei 10.257/01):

> Seção IX
> Da outorga onerosa do direito de construir
> Art. 28. O plano diretor poderá fixar áreas nas quais o direito de construir poderá ser exercido acima do coeficiente de aproveitamento básico adotado, mediante contrapartida a ser prestada pelo beneficiário.

Este instituto assemelha-se ao Direito de Superfície em dois pontos. Primeiro porque ambos visam a dar maior função social à propriedade, sendo, nos termos do Estatuto da Cidade "instrumentos de política urbana". Ademais, constata-se que existe nos dois institutos um desmembramento da propriedade, pois tanto na superfície quanto na outorga onerosa, o construtor pode ser pessoa diversa do proprietário, porém, o benefício imediato da *superfícies solo cedit*[195], deixa de existir.

Todavia diferenciam-se por ser a Superfície instituto tanto de Direito Privado quanto de Direito Público, enquanto na Outorga Onerosa o concedente sempre será a Administração Pública.

---

[195] Tudo que se acrescia ao solo passaria a ser de propriedade do dono da terra nua

Com esta premissa os municípios brasileiros, comumente, fixam coeficientes de utilização imobiliária tendo por objetivo ordenar a ocupação urbana e, consequentemente, permitir maior fluidez no trânsito, evitar que hospitais sejam sobrecarregados, que o consumo de energia elétrica ou água fique concentrado em determinadas regiões da cidade, etc.

Desta forma, a lei municipal fixa um percentual que multiplicado pela área do solo estabelece a metragem máxima da área a ser construída naquele imóvel, alcançando o escopo descrito no parágrafo anterior.

Definindo o Solo Criado, disserta Eros Roberto Grau[196] citado por Frederico Henrique Viegas de Lima[197]:

> A primeira noção do solo criado se obtém a partir da criação artificial de um área horizontal, em sua constituição sobre ou debaixo de um solo natural. É o resultado de criação de áreas utilizáveis não apoiadas diretamente sobre o solo natural. A partir do desenvolvimento desta noção, o solo criado passou a ser entendido como resultado de uma construção realizada com volume superior ao permitido pelos coeficientes únicos de aproveitamento. Tudo o que for construído a mais do que o coeficiente determinar é considerado solo criado.

A partir dos conceitos elaborados, podemos concluir que solo criado é um instituto jurídico que permite ao construtor erigir uma obra extrapolando o limite do coeficiente de utilização, como forma de promover a melhor utilização dos espaços urbanos.

Com este entendimento pode-se concluir que o solo criado pode ser constituído via Direito de Superfície na medida em que o Poder Público permite ao particular extrapolar o limite imposto pelo coeficiente de aproveitamento do terreno (quer

---

[196] GRAU, Eros Roberto. *Aspectos jurídicos da noção do solo criado*. In Solo Criado/Carta de Embu. p. 136.
[197] LIMA, Frederico Henrique Viegas. *O Direito de Superfície como Instrumento de Planificação Urbana*. São Paulo: Renovar, 2005. P. 261.

para cima ou no subsolo) dando como contrapartida algo que interesse à sociedade, como a permissão para o município construir um parque ou hospital em terreno particular do favorecido com o solo criado.

21.7 O Direito de Superfície e a Transferência do Direito de Construir

Dispõe o Estatuto da Cidade:

Seção XI
Da transferência do direito de construir
Art. 35. Lei municipal, baseada no plano diretor, poderá autorizar o proprietário de imóvel urbano, privado ou público, a exercer em outro local, ou alienar, mediante escritura pública, o direito de construir previsto no plano diretor ou em legislação urbanística dele decorrente, quando o referido imóvel for considerado necessário para fins de:

I – implantação de equipamentos urbanos e comunitários;

II – preservação, quando o imóvel for considerado de interesse histórico, ambiental, paisagístico, social ou cultural;

III – servir a programas de regularização fundiária, urbanização de áreas ocupadas por população de baixa renda e habitação de interesse social.

§ 1º A mesma faculdade poderá ser concedida ao proprietário que doar ao Poder Público seu imóvel, ou parte dele, para os fins previstos nos incisos I a III do caput.

§ 2º A lei municipal referida no *caput* estabelecerá as condições relativas à aplicação da transferência do direito de construir.

Desde já observamos que a transferência do direito de construir, assim como a superfície e a outorga onerosa do direito de construir, todos são instrumentos de política urbana previstos no Estatuto da Cidade, que visam, pois, dentre outros objetivos de caráter urbanístico a proporcionar função social à propriedade.

Também neste instituto observamos, assim como na superfície, a possibilidade de se construir em imóvel de propriedade de outrem, sem que isto acarrete que haja perda das benfeitorias em prol do dono do solo. Exemplifica Cristiano Chaves[198]:

> A, cujo imóvel é tombado, poderá alienar a B o seu direito de construir no imóvel de sua titularidade. Comparando com o direito de superfície, vê-se que B se apropriou do direito de construir, que pertencia ao proprietário A. Mas, a única diferença é que B não edificou no terreno de A, mas em local distinto, cuja propriedade do solo seja própria.

21.8 O Direito de Superfície e a Locação

A primeira diferença diz respeito à própria natureza do instituto, afinal a Superfície é um direito real e a Locação obrigacional.

A Locação será sempre onerosa[199], pois se gratuita converte-se em comodato[200], e incide sobre todo o imóvel (ou móvel).

---

[198] Op.cit. p. 415.
[199] Código Civil: Art. 565. Na locação de coisas, uma das partes se obriga a ceder à outra, por tempo determinado ou não, o uso e gozo de coisa não fungível, mediante certa retribuição.
[200] Código Civil: Art. 579. O comodato é o empréstimo gratuito de coisas não fungíveis. Perfaz-se com a tradição do objeto.

Estudo de Casos

Neste capítulo foram selecionados alguns excertos de acórdãos envolvendo o Direito de Superfície para que possamos visualizá-lo no ambiente forense.

Procurei assim, através de comentários sucintos explicar os julgados com a base teórica explanada neste trabalho.

1) Tribunal de Justiça de Minas Gerais – Processo 2.0000.00.517539-7/000(1)

Trata-se de ação que visa desconstituir um acordo judicial que homologou a distribuição de cotas de uma sociedade limitada, bem como, a concessão de exploração de uma lavra de água mineral, sob o argumento da existência de vício de vontade.

O Tribunal julgou improcedentes os pedidos dos autores asseverando que não ocorreu o vício de vontade (erro), ressaltando que existe a possibilidade de alguém conceder a outrem a exploração de determinado recurso mineral mediante a constituição de Direito de Superfície.

Não adentrando no mérito do julgamento, os desembargadores não foram felizes ao utilizar o Direito de Superfície previsto no art. 1369 do Código Civil como fundamento decisório, pois se conclui da leitura do acórdão que ocorreu a simples cessão do direito de exploração das terras de uma pessoa para outra, com o intuito de retirar da natureza um recurso mineral através do simples extrativismo.

No Direito de Superfície, como vimos, o superficiário deverá construir ou plantar e, após erigir as acessões explorá-las e não simplesmente extrair do solo recursos já existentes. Eis parte o acórdão:

> Tribunal de Justiça de Minas Gerais
> Processo: 2.0000.00.517539-7/000(1)
> Relator: Unias Silva
> Data de Julgamento: 09/09/2005
> EMENTA: AÇÃO DECLARATÓRIA – ANULAÇÃO DE ATO JURÍDICO CUMULADA COM RESCISÃO DE ACORDO JUDICIAL – IMPOSSIBILIDADE – AUSÊNCIA DE NULIDADE OU DEFEITO DO ATO – IMPROCEDÊNCIA DOS PEDIDOS.
>
> O ato jurídico só pode ser desfeito se comprovada a incapacidade relativa do agente ou se houver vício resultante de erro, dolo, coação, simulação, ou fraude. Do contrário, não pode ser anulado, sob pena de trazer insegurança jurídica.
>
> ...
>
> No já referido documento de fls. 70/73 está bem claro o que os autores estavam adquirindo, sendo tudo legalizado e possuindo autorização governamental para exploração e funcionamento, e todo o funcionamento da sociedade pode e deve ocorrer dentro da área rural de propriedade do co-réu – Erasmo Cardoso -, possibilidade esta permitida até mesmo pelo Direito de Superfície, regulamentado pelos artigos 1369/1377 do CCB de 2002. Sendo assim, se existiu um equívoco em relação ao local da exploração, isto não anula o contrato nem o acordo judicial.[1]

---

[1] BRASIL. Tribunal de Justiça de Minas Gerais. Apelação Cível 2.0000.00.517539-7/000. Colhido do site http://www.tjmg.gov.br juridico/jt_/inteiro_teor.jsp?tip oTribunal=2&comrCodigo=0&ano=0&txt_processo=517539&comple mento=0&sequencial=0&palavrasConsulta=erasmo%20cardoso&todas =&expressao=&qualquer=&sem=&radical= em 11/04/2009.

2) Tribunal de Justiça do Rio Grande do Sul – Processo 71000548511

Trata-se de acórdão em ação movida no Juizado Especial onde visava o Autor, aparentemente, obter a tutela para ter garantida para si parte do valor pago pelo locatário de um imóvel adquirido em hasta pública, haja vista que, segundo o Autor, o mesmo é proprietário do solo, enquanto o terceiro (executado) é proprietário somente da construção.

Afirma o Desembargador-Relator que no imóvel arrematado pelo Autor existia um Direito de Superfície, portanto a aquisição foi somente do terreno, não englobando as construções existentes.

A decisão não enfrenta a questão da eventual existência de uma co-propriedade entre o arrematante (proprietário do solo) e o proprietário da construção (superficiário), asseverando que tal decisão deve ser tomada em feito próprio.

Infelizmente, o acórdão também não se preocupou em afirmar qual a natureza jurídica do Direito de Superfície, afirmando que "pelo art. 1.369 do NCC o direito de superfície foi consagrado como distinto do direito de propriedade, podendo coincidir". Assim, o relator não se filiou a nenhuma das doutrinas, ou seja, não disse que se trata de Direito Real sobre Coisa Alheia, nem tampouco se a Superfície é um direito de propriedade sobre as construções em concomitância com a propriedade do solo.

Conclui-se da decisão de segundo grau que embora a sentença tenha fixado o percentual do aluguel que deve ser pago ao arrematante (proprietário do solo) e o percentual devido ao proprietário das acessões (superficiário), o processo deve ser extinto sem resolução de mérito, uma vez que se faz necessário uma perícia técnica para avaliar o valor do solo em comparação com o valor da construção, e a partir daí fixar-se

o valor do aluguel, o que não se mostra possível em sede de
Juizado Especial devido à complexidade. Este é um trecho
do acórdão:

> Tribunal de Justiça do Rio Grande do Sul
> Processo: 71000548511
> Relator: Maria José Schmitt Santanna
> Data de Julgamento: 10/08/2004
> Direito de superfície é distinto do direito de propriedade sobre o terreno, conforme nova ordem jurídica. Terreno arrematado em leilão judicial. Alegação de formação de condomínio resultante de arrematação relativo à benfeitoria existente e objeto de locação. Locação. Cobrança de locativos.
>
> O terreno foi adquirido por arrematação judicial, constando na matrícula e na informação administrativa do município que foi objeto de arrematação somente a área do terreno. Existindo imóvel edificado, objeto de contrato de locação, a questão sobre a formação de condomínio entre o arrematante e o detentor da benfeitoria deve ser solvida em feito próprio. Pelo art. 1.369 do NCC o direito de superfície foi consagrado como distinto do direito de propriedade, podendo coincidir. No caso, a arrematação foi do solo e a ação ajuizada sob a égide do novo Código Civil, portanto, não resta solvida a questão da legitimidade ativa, a qual depende de solução em feito próprio, que não se insere na competência dos Juizados Especiais, consoante art. 3º da Lei nº 9.099/95. Complexidade evidenciada pela necessidade prova pericial para quantificação de eventual direito de crédito sobre o uso da superfície. Extinção do feito de ofício.
>
> ...
>
> II – Objetiva o recurso reforma da sentença que condenou o réu/recorrente a repassar ao autor/recorrido o percentual de 20,387% do valor dos locativos,- oriundos do imóvel edificado sobre o terreno adquirido pelo demandante, em arrematação judicial, valor consubstanciado em R$ 947,99, relativo aos locativos do período de 15/03/2003 a 30/06/2004.
>
> ...
>
> O terreno foi adquirido por arrematação judicial, constando na matrícula e na informação administrativa do município que foi objeto de arrematação somente a área do terreno.

Existindo imóvel edificado, objeto de contrato de locação, a questão sobre a formação de condomínio entre o arrematante e o detentor da benfeitoria deve ser solvida em feito próprio. Pelo art. 1.369 do NCC o direito de superfície foi consagrado como distinto do direito de propriedade, podendo coincidir.

No caso, a arrematação foi do solo e a ação ajuizada sob a égide do novo Código Civil, portanto, não resta solvida a questão da legitimidade ativa, a qual depende de solução em feito próprio, que não se insere na competência dos Juizados Especiais, consoante art. 3º da Lei nº 9.099/95. Complexidade evidenciada pela necessidade prova pericial para quantificação de eventual direito de crédito sobre o uso da superfície, consoante norma do art. 1.370 do NCC.
...²

3) Tribunal de Justiça de Minas Gerais – Processo 1.0686.04.094573-1/002

O Autor, em sede de Ação Popular, visava anular um contrato que instituía um Direito de Superfície firmado entre dois particulares. Alega o requerente que tal contrato afronta o interesse público, pois, originariamente o concedente havia recebido o terreno (objeto da superfície) em doação do Estado de Minas Gerais para que explorasse atividade de interesse público (parque de exposição de agropecuária). Desta forma, ao firmar o Direito de Superfície com outro particular, o superficiário exploraria a construção erigida (*campus* universitário) visando apenas o interesse particular, desvirtuando a lei estadual que permitiu a doação com finalidade específica.

O Direito de Superfície firmado permitiria ao superficiário construir no imóvel um *campus* universitário e explorá-lo por

---

² BRASIL. Tribunal de Justiça do Rio Grande do Sul. Recurso Cível 71000548511. Colhido do site http://www.tjrs.jus.br/site_php/jprud2/ementa.php em 11/04/2009.

15 anos, pagando um aluguel mensal de R$ 2000,00 (dois mil reais), obrigando-lhe ainda a pagar os tributos e a dar preferência ao concedente em caso de alienação. Transcorrido o prazo de 15 anos, o superficiário devolveria o imóvel ao concedente com as construções ali erigidas, constituindo, assim, um típico instituto que ora estudamos, muito embora o contrato tenha sido efetivado por escritura pública não registrada, afrontando o disposto no artigo 1369 do Código Civil.

A sentença firmando entendimento que o contrato que deu origem ao Direito de Superfície é eivado de vício na medida em que desvirtuou a lei que permitiu a doação realizada pelo Estado de Minas Gerais ao concedente, uma vez que a exploração do *campus* universitário se divorcia dos motivos que levaram o Estado a doar ao particular (concedente) o imóvel, julgou procedente o pedido para anular o referido contrato. O Acórdão confirmou a sentença:

Tribunal de Justiça de Minas Gerais
Processo: 1.0686.04.094573-1/002
Relator: Wander Marotta
Data de Julgamento: 31/05/2005
EMENTA: CONSTITUCIONAL E ADMINISTRATIVO – AÇÃO POPULAR – LESÃO AO PATRIMÔNIO PÚBLICO. A ação popular pode ser utilizada com finalidade corretiva da atividade administrativa ou supletiva da inatividade do Poder Público naqueles casos em que deveria agir por determinação legal. Afronta o princípio da legalidade e o interesse público a cessão a grupo privado, para construção de campus universitário, através de contrato de uso de superfície, de parcela de imóvel público doado pelo Estado a sociedade particular, com destinação exclusiva ao desenvolvimento das atividades agropecuárias da região (art. 2º, Lei Estadual nº 9.400/86), o que ocorre em claro desvio de finalidade.

...

DETSI GAZZINELLI JUNIOR ajuizou AÇÃO POPULAR contra a COOPERATIVA DE LATICÍNIOS TEÓFILO OTONI LTDA., DOCTUM – SOCIEDADE

EDUCACIONAL DO LESTE DE MINAS e o ESTADO DE MINAS GERAIS, alegando, para tanto, que, através da Lei Estadual n° 9.400/86, o Estado de Minas Gerais foi autorizado a doar o imóvel ali descrito à primeira ré, destinando-o, exclusivamente, ao desenvolvimento de atividades agropecuárias da região -- doação efetivada em 17/12/90 -- e que passou a ser utilizado pelos cooperados da região. Em 13/11/2003, a primeira ré firmou contrato de uso de superfície com a segunda, relativo a parte do referido imóvel, correspondente a 31.491.00 m2, mediante retribuição de R$2.000,00 mensais, pelo prazo de quinze anos, eivado de ilegalidade, e em flagrante desvio de finalidade. Por tais motivos, requereu o deferimento de liminar para sustar as obras, e a procedência do pedido, para anular o contrato firmado pelas partes.

Ocorre que a Cooperativa de Laticínios Teófilo Otoni Ltda., em flagrante afronta à condição legalmente imposta, firmou com a Doctum, em 13/11/2003, escritura pública do contrato de uso de superfície (art. 1.369 CC), relativo a 31.491,00 m2 da área que lhe foi doada, autorizando-a a ali construir um campus universitário e atividades afins, pelo prazo de quinze anos, mediante pagamento mensal de R$2.000,00 e obrigações tributárias incidentes sobre o imóvel, dispondo ainda, sobre o direito de preferência. Referida escritura não foi levada a registro no Cartório de Registro de Imóveis como determina o dispositivo legal citado.

Noticiam os autos, ainda, que o Município de Teófilo Otoni, através do Decreto Municipal n° 4.646, de 10/07/2003, anterior à escritura firmada entre as partes, e cuja cópia foi apresentada pelo Estado de Minas Gerais (fls. 126), declarou de utilidade pública, para fins de desapropriação, a referida área. A expropriação não se efetivou, certamente por ter tomado conhecimento da sua impossibilidade, em homenagem ao princípio hierárquico da federação, originando o contrato citado.

Pretende o autor que se reconheça a nulidade do contrato celebrado pelas partes, em flagrante desvio de finalidade e eivado de vício de ilegalidade.[3]

---

[3] BRASIL. Tribunal de Justiça de Minas Gerais. Apelação Cível 1.0686.04.094573-1/002.

04) Tribunal de Justiça de Minas Gerais – Processo 1.0704.01.000988-1/002(1)

Esta decisão permitiu o desmembramento da propriedade em duas, quais sejam, a propriedade do solo dissociada das acessões.

No caso concreto, o Tribunal julgou que o terreno arrematado não engloba as acessões (caixa d'água e plantação de eucaliptos) que ali foram feitas por terceiros, utilizando-se do Direito de Superfície para fundamentar a decisão que permite aqueles que despenderam recursos na construção da caixa d'água e na plantação de eucaliptos exigirem que essas acessões lhe sejam restituídas em separado do solo e das demais acessões do terreno.

Assim, muito embora no direito brasileiro vigore o princípio de que "o acessório segue o principal" existem, excepcionalmente, situações jurídicas em que o brocardo não se aplica, como no Direito de Superfície, onde o superficiário detém o domínio das acessões, enquanto o concedente é o proprietário do solo. Veja a decisão:

EMENTA: EMBARGOS DECLARATÓRIOS – EFEITOS MODIFICATIVOS – ADMISSIBILIDADE EM CARÁTER EXCEPCIONAL – ACOLHIMENTO- PEDIDO DE RESTITUIÇÃO JULGADO IMPROCEDENTE – RECURSO PARCIALMENTE PROVIDO. 1 – Se presente a omissão apontada e, em decorrência de tal reconhecimento, evidenciado o equívoco quanto à avaliação da prova, é possível, em sede de embargos declaratórios, a reapreciação da matéria, inclusive com repercussão na conclusão do julgado.

Colhido do site:
http://www.tjmg.gov.br/juridico/jt_/inteiro_teor.jsp?tipoTribunal=1&comrCodigo=686&ano=4&txt_processo=94573&complemento=2&sequencial=0&palavrasConsulta=superfície%20hierárquico%20da%20federação&todas=&expressao=&qualquer=&sem=&radical= acesso em 20/05/2009.

2 – Se provado que foi indevida a arrecadação de benfeitorias lançadas em terreno alheio, há de se restituí-las a seu verdadeiro proprietário. 3 – Acolhimento dos embargos, com modificação da parte dispositiva do acórdão embargado, para dar parcial provimento à apelação.

...

É princípio básico de direito que o acessório segue o principal, ressalvadas situações excepcionais previstas em lei, tal como exemplo o direito de superfície disciplinado pelo Novo Código Civil, o que também dá guarida ao pedido de restituição, vez que provada a arrematação do principal, cujo auto expressamente relaciona algumas das benfeitorias objeto do litígio.

Nesse compasso, em relação às benfeitorias que se encontram relacionadas no auto de arrematação, dúvidas não há quanto ao direito do apelante.

No que tange às caixas d'água e ao reflorestamento de eucaliptos, mesmo que localizados na propriedade do apelante, provas não há do direito por ele alegado.

Com efeito, as caixas d'água eram utilizadas pela empresa falida e, dada a natureza móvel do bem, cumpria ao apelante provar seu direito, o que não se fez a contento.

No que tange ao reflorestamento de eucaliptos, na falta de provas mais consistentes, sirvo-me dos indícios de que foi a Mira Indústria de Alimentos Ltda. que de fato promoveu a plantação, ainda que em terreno alheio, daí correta a arrecadação e, se algum direito tem o apelante sobre referida plantação, que se discuta em outra sede, haja vista que aqui não conseguiu o apelante fazer a necessária prova de que a arrecadação refere-se a bem que não pertencia à falida.

Ao exposto, ACOLHO os embargos e, em decorrência da omissão apontada, que reconheço presente, imprimo-lhe efeitos infringentes, para, reformulando o julgamento, dar parcial provimento ao recurso, determinando a restituição dos bens arrolados no auto de arrematação de fl. 18. Tendo em vista a sucumbência recíproca, com fincas no art. 21, do CPC, cada parte arcará com os honorários de seus respectivos advogados, ficando as custas rateadas em partes iguais.[4]

---

[4] BRASIL. Tribunal de Justiça de Minas Gerais. Embargos de Declaração 1.0704.01.000988-1/002. Colhido do site http://www.tjmg.gov.

05) Tribunal de Justiça do Rio Grande do Sul – Processo 70024248916

Ainda sob a égide do Código Civil de 1916, foi formalizada uma escritura pública onde um dos contratantes transmitia gratuitamente a outro o direito de construir em um imóvel. Realizada a construção, pretende uma das partes envolvidas na ação, transferir o domínio da acessão para terceiros, reservando-se para si o usufruto.

O Cartório de Registro de Imóveis, diante da escritura pública que constava a indigitada transferência da acessão (sem a alienação do solo), rejeitou a transcrição do referido documento público, alegando que antes dever-se-ia ter celebrado um Direito Real de Superfície, haja vista que o proprietário da construção não é a mesma pessoa que detém o domínio do solo, suscitando assim dúvida perante o Poder Judiciário.

Analisando o caso, o Tribunal firmou entendimento no sentido que só se faz possível o desmembramento da propriedade do solo em relação a da construção mediante a constituição de um Direito Real de Superfície. Assim, as partes envolvidas na questão deveriam primeiramente constituir a Superfície para, depois, aquele que detém o domínio da construção aliená-la para terceiros, confirmando assim a sentença, isto é, mantendo as exigências cartorárias acima narradas.

Tribunal de Justiça do Rio Grande do Sul
Processo: 70024248916
Relator: Pedro Luiz Rodrigues Bossle
Data de Julgamento: 18/09/08
REGISTRO DE IMÓVEIS. DÚVIDA. DIREITO REAL DE SUPERFÍCIE. REGISTRO DE DOAÇÃO COM RESERVA DE USUFRUTO.

br/juridico/jt_/inteiro_teor.jsp?tipoTribunal=1&comrCodigo=0704& ano=1&txt_processo=988&complemento=002&sequencial=&pg=0& resultPagina=10&palavrasConsulta= em 11/04/2009.

Constituição preliminar de direito real sobre o imóvel. Necessidade.

Apelação improvida.

... A nota de exigência questionada determina a constituição do direito real sobre o imóvel, suscitando a necessidade de complementação da escritura de autorização para edificação, a fim de que o direito de superfície seja efetivamente constituído, observados os termos do art. 1369 do CC.

Como bem referido pela Dra. Marta Leiria Leal Pacheco, Procuradora de Justiça que atua junto à esta Câmara, cujas razões adoto para decidir :

"A questão fulcral, como se constata, é estabelecer se a mera existência da Escritura Pública de Autorização para Edificação, tendo como autorizador Breno Dutra Dias, proprietário do terreno, e como autorizado Antônio Régio Leal Garcia, lavrada em 10 de outubro de 1997 (fl. 21 e v.), averbada na matrícula do Registro de Imóveis (fls. 26 e v.) autoriza, por si só, sem a necessidade de qualquer outra providência, o registro, no Cartório de registro de Imóveis, de um direito real, no caso, a instituição de usufruto e venda da nua-propriedade, estabelecido mediante Escritura Pública de Doação com reserva de usufruto, figurando como doadores e usufrutuários Antônio Régio Leal Garcia e sua esposa, e como donatários e nus-proprietários Roger Dias Garcia e Renata Dias Garcia.

Parece a este órgão do Ministério Público, alinhando-se à conclusão da sentença recorrida, bem assim ao parecer ministerial da lavra da ilustre Promotora de Justiça Karinna Licht Goulart (fls. 45/50), que a resposta a tal indagação é negativa, já que só o proprietário pode doar imóvel e, no caso, a averbação da escritura pública de autorização para edificação não teve o condão de transferir a propriedade da construção, o que pode, entretanto, vir a ser perfectibilizado com a implementação das exigências alvitradas pelo Oficial Registrador, quando o superficiário passará a ser proprietário da construção erguida em imóvel de outrem.

Observe-se, inicialmente, que a Escritura de Autorização para Construir foi lavrada sob a égide do Código Civil de 1916, que não contemplava o Direito Real de Superfície, implantado pela Lei n° 10.257, Estatuto da Cidade, e pelo Novo Código Civil.

Reveste-se o direito real de superfície de determinados requisitos, previstos nos arts. 1.369 a 1.377, do Novo Código Civil.

O direito real de superfície do Código Civil vem assim disciplinado:

'Art. 1.369 – O proprietário pode conceder a outrem o direito de construir ou de plantar em seu terreno, por tempo determinado, mediante escritura pública devidamente registrada no Cartório de Registro de Imóveis.'

O art. 21 da Lei nº 10.257 contempla previsão quase igual, divergindo unicamente quanto à duração, que poderá ser por tempo indeterminado.

Por sua vez, dispõe o art. 1.371 do Código Civil que 'o superficiário responderá pelos encargos e tributos que incidirem sobre o imóvel.'

É certo que o direito de superfície pode transferir-se a terceiros, tal como pretende ver reconhecido o ora recorrente, havendo disposição expressa nesse sentido (art. 1.372); por outro lado, 'em caso de alienação do imóvel ou do direito de superfície, o superficiário ou o proprietário tem direito de preferência, em igualdade de condições' (art. 1.373).

ARNALDO RIZZARDO trata, com a habitual maestria, das características e distinções do Direito de Superfície :

"Trata-se de um direito real, constituindo-se por meio de escritura pública, e registrando-se no cartório do registro de Imóveis. É, ainda, um direito de propriedade, posto que o adquirente, ou superficiário, torna-se titular da superfície, com a prerrogativa de dispor, ou de transmissão, além dos direitos de fruição, posse, proveito e defesa. A propriedade, entrementes, vai até o nível onde alcançam as fundações do edifício e as raízes das plantas. Abaixo desses limites o domínio é reservado ao proprietário do solo."

(...)

"Já que se incluiu entre os direitos reais, o registro faz surtir efeitos erga omnes, sendo alienável ou transmissível tanto por ato entre vivos como mortis causa. Nesta última forma, a transmissão dá-se tão prontamente ocorra a abertura da sucessão do superficiário, passando o direito aos herdeiros legítimos ou testamentários..."

(...)

"Relativamente a outros direitos, como o uso, a habitação, a locação, o arrendamento, o usufruto, a nota diferencial básica está na falta de transferência do domínio nessas figuras, constituindo direitos reais em coisas alheias, ou mesmo direitos pessoais incidentes em imóveis."

Em consonância com os fundamentos aqui alinhados é que o oficial Registrador lavrou a "NOTA DE EXIGÊNCIA 023/2006" (fls. 27/28), como se constata:

"Segundo os Princípios Registrais da Continuidade e Disponibilidade, para que se possa registrar um direito real, no caso a instituição de usufruto e venda da nua-propriedade, mister se faz primeiramente a constituição deste direito real sobre o imóvel, o que não é possível alcançar por meio de averbação (AV-2-8223), é necessário portanto o registro do Direito de Superfície consoante os requisitos do art. 1.369 do NCC, estampados na escritura Pública nº 33.112/30, não sem antes aditá-la para incluir o prazo do direito de superfície cedido, e mencionar o recolhimento dos impostos devidos ao fisco.

"2. Cumpridos os requisitos acima elencados, a escritura Pública 40.065 deverá ser aditada para que conste como interveniente anuente o proprietário do solo, para efeitos do art. 1.373 do Código Civil."

Por tais razões, vislumbram-se pertinentes as exigências postas pelo Oficial Registrador, por isso que deve ser improvida a irresignação, com a manutenção da sentença recorrida".

Assim, nego provimento ao apelo.[5]

06) Tribunal de Justiça do Paraná – Processo 0491500-4

O Acórdão analisa uma penhora efetivada em um imóvel objeto do Direito Real de Superfície. Estabelecendo que a propriedade do solo é separada da propriedade das acessões, o Tribunal determinou que a penhora realizada não abarca-

---

[5] BRASIL. Tribunal de Justiça do Rio Grande do Sul. Recurso Cível. Colhido do site http://www.tjrs.jus.br/site_php/jprud2/ementa.php em 10/04/2009.

ria as acessões construídas pelo superficiário, uma vez que a dívida que se executa é de exclusiva responsabilidade do proprietário do solo.

Assim, em homenagem ao instituto em comento, o Tribunal deixou claro que quando existe Direito de Superfície, a propriedade do solo deve ser separada das acessões e, por consequência, os direitos dominiais de ambas as partes (concedente e superficiário) devem ser dissociados, não se permitindo que a dívida de um deles venha a acarretar a penhora de bens do outro. Vejamos o acórdão:

> Tribunal de Justiça do Paraná
> Processo: 0491500-4
> Relator: Edson Vidal Pinto
> Data de Julgamento: 29/04/2008
> ...
> DECIDO. A insurgência recursal colacionada cinge-se, tão somente, quanto a avaliação de bem penhorado na porção que determinou a inclusão de benfeitoria edificada no imóvel pela empresa Adubos Viana Ltda (atual Viana Trading Importação e Exportação de cereais Ltda), objeto de concessão de uso de superfície pelos proprietários, objetivando a agravante VIANA AGRO MERCANTIL LTDA defender o direito da superficiária e dos concedentes na continuidade de ato jurídico perfeito de uso do solo como contratado, antes do registro da penhora no Cartório de Registro de Imóveis onde consta a respectiva matrícula da área. Daí, forçoso reconhecer, ao que parece, que tendo recorrido apenas a pessoa jurídica da VIANA AGRO MERCANTIL LTDA esta não tem legitimidade recursal para pleitear, em nome próprio, direitos que não lhe dizem respeito (a avaliação ou não de benfeitoria construída sobre o imóvel) porque afetas exclusivamente aos concedentes e superficiária da concessão de uso de superfície, daí porquê NEGO SEGUIMENTO ao recurso em virtude da sua inadmissibilidade, tudo com espeque nos arts. 6º c/c 527, I e 557 "caput", todos do Código de Processo Civil. Intime-se. Curitiba, 29 de abril de 2008. EDSON VIDAL PINTO Relator[6]

---

[6] BRASIL. Tribunal de Justiça do Paraná. Agravo de Instrumento. Colhido do site http://portal.tjpr.jus.br/web/djud/jurisprudencia em 10/04/2009.

07) Tribunal de Justiça de São Paulo – Processo 778.074.5/4-00

Trata-se de ação de indenização onde a Autora alega que o desmoronamento de uma construção lhe trouxe prejuízo.

A demanda foi movida contra o proprietário do solo, bem como, por seus locatários que, justamente, foram os construtores da obra que desmoronou.

Em primeiro grau de jurisdição, foi extinto o processo sem resolução de mérito, entendendo o magistrado que o proprietário do solo não poderia compor o pólo passivo da ação, uma vez que não foi o mesmo que erigiu a construção desmoronada, isentando-o de responsabilidade.

A Autora, insatisfeita, apresentou recurso de Agravo, alegando que o proprietário do solo também é responsável pelo desabamento, pois, ao alugar o imóvel para o construtor, aufere renda, e, por isto, também deve ser responsabilizada. Não obstante, também alega a agravante que não foi constituído formalmente um Direito Real de Superfície, o que afasta o entendimento de que o domínio do solo é direito separado da propriedade da construção.

O Tribunal, confirmando a decisão que excluiu a responsabilidade do proprietário do solo, entendeu que a questão não abrange Direitos Reais e, consequentemente, deve ser resolvida à luz da Responsabilidade Civil. Destarte, como a proprietária do solo não teve nenhum comportamento ilícito, uma vez que a responsabilidade pela construção do galpão desmoronado era exclusiva do locatário, deve ser excluída da lide. Este é o acórdão:

Tribunal de Justiça de São Paulo
Processo: 778.074.5/4-00
Relator: Paulo Dimãs Mascaretti
Data de Julgamento: 14/01/2009

...

AÇÃO DE INDENIZAÇÃO – Preliminar de ilegitimidade passiva "ad causam" acolhida corretamente em primeiro grau – Danos alardeados pela autora, conseqüentes à ocorrência de desabamento, que estão vinculados, em princípio, à ação ou omissão daqueles que se abalaram a construir em terreno locado – Agravada que se apresenta como mera proprietária da terra nua sem benfeitorias, tendo então outorgado ao inquilino o direito de construir no local, incumbindo-se este de executar a obra e observar projeto devidamente aprovado pelos órgãos competentes – Situação específica dessa acionada que não se enquadra, destarte, na cláusula geral da responsabilidade aquiliana (art. 186 do CC), que fala em causação do prejuízo por dolo ou culpa, nem tampouco na previsão genérica do parágrafo único do art. 927 do mesmo Código, que fala em responsabilização sem culpa, pois o risco criado decorreu de atividades não desempenhadas por ela ou por seus prepostos, sendo de responsabilidade de outrem a construção e sua exploração comercial – Agravo não provido.

...

Inconvincente o reclamo. Constitui fato incontroverso na demanda instaurada que a ora agravada Ester seria apenas proprietária do terreno, ou seja, da terra nua sem benfeitorias, e que o bem foi objeto de locação ao co-réu Wilson, que então promoveu, sob sua exclusiva responsabilidade, a edificação que veio a desabar, provocando os danos alardeados pela autora. Daí porque o douto magistrado *a quo* pronunciou sua ilegitimidade passiva *ad causam*, assentando que: *"a co-ré ESTER é meramente a proprietária do terreno (leia-se: da terra nua), o qual foi locado ao co-réu WILSON (v. contrato de locação de fls. 393/396). Caberia ao próprio locatário WILSON a edificação no local, conforme consta expressamente do contrato de locação. Assim, não há realmente como responsabilizar solidar lamente a proprietária do terreno pelo desmoronamento do galpão, na medida em que não teve qualquer participação em sua construção"* (v. fls. 92/93).

E realmente não se vislumbra a pertinência da responsabilização solidária alardeada na petição inicial da ação, haja vista a causa de pedir deduzida. Ora, os danos estão vinculados, em princípio, à ação ou omissão daqueles que se abalaram a construir no terreno locado; e a proprietária Ester simplesmente concedeu ao locatário o direito de construir no local, incumbindo-se este de executar a obra e observar projeto devidamente aprovado pelos órgãos competentes.Nesse passo, não há como enquadrar a situação específica dessa acionada na cláusula geral da responsabilidade aquiliana (art. 186 do CC), que fala em causação do prejuízo por dolo ou culpa, nem tampouco na previsão genérica do parágrafo único do artigo 927 do mesmo Código, que fala em responsabilização sem culpa, pois o risco criado decorreu de atividades não desempenhadas por ela ou por seus prepostos; a construção e sua exploração comercial eram responsabilidade de outrem. Na verdade, a fonte irradiadora da responsabilidade reparatória *in casu* não foi a locação do terreno, mas a realização de determinado empreendimento, do qual a co-ré Ester realmente não participou.E mostra-se irrelevante, nas circunstâncias, que não foi pactuada por escritura pública a outorga do direito de construir, nos moldes do artigo 1.369 do Código Civil vigente, pois não se trata aqui da solução de litígio envolvendo os sujeitos desse direito real de superfície, mas de averiguar a realidade fática para dela extrair consequências jurídicas no plano da responsabilidade civil. Ante o exposto, nega-se provimento ao agravo.[7]

08) Tribunal de Justiça de São Paulo – Processo 778.073.5/0-00

Em outro Agravo de Instrumento envolvendo a mesma causa de pedir do item anterior (desmoronamento de um galpão que vitimou seis pessoas), o Tribunal entendeu de forma diversa, julgando que o locador que cedeu a terceiro a posse do solo para que construísse e explorasse a acessão por determinado tempo, tem legitimidade passiva para responder a demanda indenizatória. Ressaltou, porém, que isto não significa que o locador (concedente) será condenado a ressarcir, pois caso se prove que houve culpa exclusiva do locatário (superficiário), somente este será condenado a pagar os prejuízos causados pelo desmoronamento.

---

[7] BRASIL. Tribunal de Justiça de São Paulo. Agravo de Instrumento 7780745400. Colhido do site http://esaj.tj.sp.gov.br/cjsg/resultadoSimples.do em 10/04/2009.

Interessante notar que os agravantes alegaram que na espécie não se aplica as normas do Direito de Superfície, pois a locação foi firmada antes da entrada em vigor do Código Civil atual, bem como, ainda que fosse depois, a lei exige o registro da escritura para a constituição da propriedade superficiária (artigo 1369 do Código Civil, artigo 21 do Estatuto da Cidade e artigo 167, I, 39 da Lei de Registros Públicos).

Tais argumentos, a meu ver, procedem, afinal, se realmente houvesse a constituição do Direito de Superfície nos ditames da lei (com registro) existiria a dissociação do domínio do solo em relação às acessões e, assim, a responsabilidade seria exclusiva do construtor (superficiário). É o acórdão:

EMENTA
RESPONSABILIDADE CIVIL – Indenizatória – Morte – Desabamento- Construção – Locatário – Litisconsórcio passivo – Proprietário – Ilegitimidade passiva – Agravo de instrumento – A relação jurídica contratual não vincula o terceiro que sofreu dano no imóvel – O proprietário do imóvel é parte legítima cm face do terceiro mas a demanda será de improcedência em relação a ele. se provada a culpa exclusiva do construtor pelo fato – Recurso provido
...

FUNDAMENTOS
1 Trata-se de demanda indenizatória por danos materiais e morais decorrentes de desabamento de mezanino durante uma festa realizada no Município de Guarulhos. que vitimou fatalmente seis adolescentes, entre os quais a filha dos autores
Consta que a agravada locou o terreno para Wilson Gonçalves em 27.4.2000. com prazo certo até 1 1 2005. ficando ajustado que o locatário seria responsável pela construção, legalização, pagamento de todas as despesas tributos e taxas (fls 17) Para a construção do prédio, o locatário contratou empresa de engenharia de propriedade de Sílvio Luiz Rodrigues de Camargo, também réu, para a elaboração, aprovação do projeto e responsabilização técnica pela construção O requerimento para a execução da obra foi indeferido pela Prefeitura Municipal, pois havia pen-

dências quanto à permissão de uso de uma faixa de área pública Embora não autorizada, a obra te\e início mas foi embargada por falta de alvará O embargo foi desobedecido e o locatário concluiu a construção, instalando no local um restaurante, desativado em dezembro de 2003. Mesmo sem habite-se, o prédio foi sublocado. em 28 8 2004. para a realização da festa que terminou com o desabamento Os agravantes alegaram na inicial que a proprietária do terreno e o locatário devem ser responsabilizados pela culpa in vigilando, pois tinham o dever de fiscalizar a construção do prédio (fls 24)

2. A cláusula, contida no aditamento do contrato, se refere exclusivamente a responsabilidade por "obrigação incidente ou relativa a construção dos prédios" e estabelece relação jurídica apenas entre as partes contratantes, qual seja a locadora o locatário com os fiadores Os autores da presente demanda não participaram do contrato, razão pela qual não se vinculam às regras contratuais evocadas São terceiros que sofreram dano no imóvel da agravada A relação jurídica que afirmam ter com ela — e que deu ensejo a inclusão como ré na presente demanda – não decorre do contrato, mas somente da lei. qual seja. do art 937 do Cód Civil, ou da culpa in vigilando. Daí a sua legitimidade de parte. Certamente a agravada deve figurar no pólo passivo, uma vez que sua qualidade de proprietária do imóvel pode implicar em responsabilidade pelo dano ali sofrido

Mesmo que não tenha construído o prédio e tal construção fosse, por contrato, de responsabilidade do locatário. É evidente que o edifício se incorporou ao terreno, tanto assim que o aditivo contratual prevê bonificação nos alugueres. no prazo da construção, c perda do prédio em favor da locadora e a sua incorporação ao seu patrimônio (lis 1 10). Se ficar provado, durante a instrução, que a ruína do edifício se deu exclusivamente por culpa do construtor ou de seus prepostos. a demanda será improcedente com relação à agravada Tal ocorrerá contudo, no julgamento do mérito, uma vez que a legitimidade de parte, diante dos termos da petição inicial, esta presente. Urge portanto realizar sua citação, uma vez que a contestação juntada por copia no instrumento realmente pertence a outro processo Destarte, pelo meu voto. dou provimento ao agravo para declarar a legitimidade de parte da agravada, reformando sua exclusão do processo e determinando a sua citação para contestar no prazo legal, a ser realizada no Primeiro Grau.[8]

09) Tribunal de Justiça de São Paulo – Processo 384.554-5/8-00

Uma entidade particular moveu contra o Município de São Paulo uma Ação de Reintegração de Posse alegando que foi esbulhada. A defesa alegou que o Autor não comprovou que tinha a posse, bem como, asseverou que seu direito de posse é justo, pois em 2003 foi constituído um Direito Real de Superfície entre o Município de São Paulo (superficiário) e a Caixa Econômica Federal (concedente) devendo o primeiro erigir obras de urbanização.

O Tribunal asseverando que de fato o Autor não tinha a posse do imóvel, pois era apenas detentor, uma vez que se trata de imóvel público, bem como, por existir por parte do Município a justa posse em razão do Direito de Superfície, julgou improcedente o pedido, mantendo o Réu na posse do imóvel. Este é o acórdão:

Tribunal de Justiça de São Paulo
Processo: 384.554-5/8-00
Relator: Ricardo Feitosa
Data de Julgamento: 07/08/08
REINTEGRAÇÃO DE POSSE – BEM PÚBLICO – OCUPAÇÃO POR PARTICULARES QUE NÃO PASSA DE MERA DETENÇÃO, INSUSCETÍVEL DE PROTEÇÃO POSSESSÓRIA – AÇÃO PROCEDENTE – RECURSOS OFICIAL E DA MUNICIPALIDADE DE SÃO PAULO PROVIDOS.
...

---

[8] BRASIL. Tribunal de Justiça de São Paulo. Agravo de Instrumento 7780735000. Colhido do site http://esaj.tj.sp.gov.br/cjsg/resultadoSimples.do em 10/04/2009.

De acolhimento da preliminar não há lugar para cogitar-se, certo que sob a alegação de ilegitimidade ativa de parte a Municipalidade na verdade agita questão ligada exclusivamente ao mérito da demanda. E na sua apreciação, verifica-se que mesmo que se admita, para argumentar, que em 18 de fevereiro de 2003, a autora ocupasse, por si ou através de entidade que representa, o imóvel objeto do presente processo, a demanda não apresenta nenhuma condição de acolhimento. É que sendo a área incontroversamente de propriedade da Caixa Econômica Federal e do Instituto Nacional do Seguro Social – INSS, integra o patrimônio público. Na lição de Hely Lopes Meirelles, "Bens públicos, em sentido amplo, são todas as coisas, corpóreas ou incorpóreas, imóveis, móveis e semoventes, créditos, direitos e ações, que pertençam, a qualquer título, às entidades estatais, autárquicas, fundacionais e empresas governamentais. Conceituando os bens em geral, o Código Civil os reparte inicialmente em públicos e particulares, esclarecendo que são públicos os do domínio nacional, das pessoas jurídicas de Direito Público interno, e particulares todos os outros, seja qual for a pessoa a que pertencerem (art. 98). O conceito adotado não deixa dúvidas quanto ao fato de que também são bens públicos os pertencentes às autarquias e fundações públicas. Quanto aos bens das empresas estatais (empresas públicas e sociedades de economia mista), entendemos que são, também, bens públicos com destinação especial e administração particular das instituições a que foram transferidos para consecução dos fins estatuários. A origem e a natureza total ou predominante desses bens continuam públicas; sua destinação é de interesse público; apenas sua administração é confiada a uma entidade de personalidade privada, que os utilizará na forma da lei instituidora e do estatuto regedor da instituição. A destinação especial desses bens sujeita-os aos preceitos da lei que autorizou a transferência do patrimônio estatal ao paraestatal, a fim de atender aos objetivos visados pelo Poder Público criador da entidade. Esse patrimônio, embora incorporado a uma instituição de personalidade privada, continua vinculado ao serviço público, apenas prestado de forma descentralizada ou indireta por uma empresa estatal, de estrutura comercial, civil ou, mesmo, especial. Mas, lato sensu, é patrimônio público, tanto assim que na extinção da entidade reverte ao ente estatal que o criou, e qualquer ato que o lese poderá ser invalidado por ação popular (Lei federal 4.717/65, art. 1o)" (Direito Administrativo Brasileiro, Malheiros Editores, 30a edição, página 501). E tratando-se de bem público, sua ocupação por particulares não pode ser reconhecida como posse, mas como mera detenção, insuscetível de contar com proteção possessória ("A ocupação de bem público, ainda que dominical, não passa de mera detenção, caso em que se afigura inadmissível o pleito de proteção possessória contra o órgão público" – Resp. 146.367/DF, relator o Ministro Barros Monteiro). Nem mesmo a arrojada tese defendida pela apelada, de que no confronto entre o detentor e terceiro sem justo título deve prevalecer, para efeito de; proteção possessória, o interesse do primeiro, pode ser aplicada ao caso concreto, pois ao ocupar o imóvel em 18 de fevereiro de 2003, a Municipalidade era detentora de direito de superfície concedido no dia anterior pela Caixa Econômica Federal, com vistas à execução de projeto de urbanização (fls. 168/169). Em tais condições, rejeitada a preliminar, dá-se provimento aos recursos, para julgar improcedente a ação, invertidos os ônus da sucumbência, anotado que a verba honorária sofrerá correção monetária a partir do ajuizamento.[9]

10) Tribunal de Justiça de São Paulo – Processo 506.799.4/9-00

Este acórdão refere-se a uma ação de usucapião onde o Direito Real de Superfície é usado como argumento de defesa para impedir o êxito dos autores.

Alegam os réus que apenas permitiram que os Autores utilizassem de seu imóvel para plantação e, assim, não existia posse *ad usucapionem*[10] uma vez que eram apenas detentores do imóvel, nos termos do artigo 1208 do Código Civil[11].

---

[9] BRASIL. Tribunal de Justiça de São Paulo. Apelação com revisão 3845545800.
Colhido do site http://esaj.tj.sp.gov.br/cjsg/resultadoSimples.do em 10/04/2009.

[10] Posse qualificada pelo *animus domini*, ou seja, capaz de propiciar a aquisição da propriedade pela usucapião.

[11] Art. 1.208. Não induzem posse os atos de mera permissão ou tolerância assim como não autorizam a sua aquisição os atos violentos, ou clandestinos, senão depois de cessar a violência ou a clandestinidade.

Os autores rebateram a tese da defesa, demonstrando que possuíam o imóvel por mais de 15 anos, de forma ininterrupta, pacífica, com *animus domini* e, finalmente, que não nunca existiu qualquer Direito Real de Superfície, sobretudo porque este requer ato formal (escritura pública registrada) o que não ocorreu, alcançando, assim, êxito na demanda. Este é o acórdão:

Tribunal de Justiça de São Paulo
Processo: 506.799.4/9-00
Relator: Ênio Santarelli Zuliani
Data de Julgamento: 13/12/07
Usucapião – Prova incontestável da posse *animus domini* por tempo superior ao previsto no artigo 1 238, do CC – Sentença que reconhece e declara o domínio, pela prescrição aquisitiva mantida – Não provimento, com determinação ...

Os autores são proprietários do lote 06, da quadra 18, devido a aquisição que fizeram diretamente dos apelantes, conforme decorre de fls 57/59. Embora a escritura publica de venda e compra tenha sido lavrada no ano de 1996, os autores alegam que exercem a posse dos terrenos que são próximos ao seu desde 1986 [fl 04] As testemunhas [fls 307/309] confirmaram que os autores exercem a posse dos dois terrenos desde 1986, porque plantam mandioca, milho e feijão, segundo consta de fl 307 e café, banana, abacate, como informado por Pedro Lima Franco [fl 309] A fotografia de fl 19 confirma a plantação nos terrenos. Está demonstrado que os autores recolhem IPTU dos imóveis desde o ano de 1996 [fls 24/42 e 243/294], sendo que os apelantes não conseguiram demonstrar que autorizaram, de modo precário, que os autores fizessem uso dos dois terrenos, o que afasta a aplicação do artigo 1 208, do CC. É preciso registrar que o artigo 1 276, §2°, do CC, estabelece a presunção de abandono do imóvel pelo fato de o proprietário não satisfazer os ônus fiscais, dispositivo que recrudesce o dever processual de provar que ocorreu um contrato de direito de superfície não documental Os apelantes não arrolaram testemunhas e não ofereceram documentos, de sorte que não se desincumbiram do ônus subjetivo imposto pelo artigo 333, II, do CPC. Ao contrário as provas evidenciam que os autores tomaram posse efetiva dos terrenos e deles fizeram obra produtiva, plantando legumes e verduras para consumo próprio e venda a terceiros, o que demonstra a posse animus domini É necessário dispor que os proprietários residiam próximo ao local e jamais tomaram efetivas medidas contra a posse ostensiva exercida pelos autores, o que qualifica a posse com os requisitos da ampla publicidade, impedindo que se argumente com posse injusta, clandestina e de má-fé.

As testemunhas ouvidas afirmaram que o apelante SILVIO somente reclamava que algumas pessoas não pagaram a aquisição de lotes, um discurso genérico sem especificação com a experiência concreta com os autores, cuja posse nunca sofreu ameaça ou perturbação Os autores provaram o exercício de posse ad usucapionem pelo tempo previsto no caput do artigo 1238, do CC, o que dispensaria a incidência da regra prevista no parágrafo único, mesmo somando o prazo de 2 anos do artigo 2029, do CC Na data do ajuizamento da ação, os autores ostentavam posse de mais de 15 anos, tempo suficiente para gerar a prescrição aquisitiva Deve subsistir a r sentença, com determinação, ou seja, de que o reconhecimento do domínio, em favor dos autores, deverá favorecer os herdeiros de SAMUEL PEREIRA, competindo providenciar-se no inventário a inclusão do imóvel para partilha Caberá expedir ofício ao Juízo do inventário para que essa determinação se cumpra. Nega-se provimento com determinação [expedir ofício ao Juízo do inventário de SAMUEL PEREIRA para partilha da meação].

O julgamento teve a participação dos Desembargadores MAIA

DA CUNHA [Presidente] e TEIXEIRA LEITE.[12]

II) Tribunal de Justiça de São Paulo – Processo 623.097.5/4-01

Este acórdão demonstra que o Direito Real de Superfície surge apenas com o ato que transcreve a Escritura Públi-

---

[12] BRASIL. Tribunal de Justiça de São Paulo. Apelação com revisão 5067994900. Colhido do site http://esaj.tj.sp.gov.br/cjsg/resultadoSimples.do em 10/04/2009.

ca lavrada no Cartório de Notas no Cartório de Registro de Imóveis.

Assim, com o ato de registro, o Direito de Superfície se constitui e, por consequência, ocorre o fato gerador da obrigação tributária de pagar o Imposto de Transmissão de Bens Imóveis, deixando transparecer que o Tribunal entende, como doutrina supra narrada, que a constituição da Superfície faz surgir um novo domínio sobre o imóvel em concomitância com a propriedade do solo. Vejamos:

> Tribunal de Justiça de São Paulo
> Processo: 623.097.5/4-01
> Relator: Geraldo Xavier
> Data de Julgamento: 29/09/07
> ...
> A exigência de pagamento do imposto, contra a qual se volta o mandado de segurança, não foi feita por ocasião da lavratura, mas sim do registro da escritura de aquisição do direito de superfície (folhas 16 a 32). Ao afirmar o contrário a embargante deliberadamente altera a verdade dos fatos e litiga com evidente má-fé, pelo que há de ser responsabilizada. A exação foi formulada corretamente, quando surgiu o fato gerador do tributo (registro da escritura). Assim, ausente "fumus boni iuris"\, inviável, na espécie, atribuir-se efeito suspensivo ao apelo. Daí por que era desnecessário o exame da alegação de que, em tese, possível a concessão do referido efeito, assim como do argumento de inadequação da base de cálculo do tributo. Posto isso, rejeitam-se os embargos e, com estribo nos artigos 17, I e II, e 18, "caput" e § 2º, do Código de Processo Civil, condena-se a recorrente a pagar multa de um por cento do valor da causa, além das despesas do feito, bem o6rrfc a indenizar, em quantia equivalente a vinte por cento do valor/á mencionado, a parte contrária. [13]

---

[13] BRASIL. Tribunal de Justiça de São Paulo. Embargos de Declaração 5067994900. Colhido do site http://esaj.tj.sp.gov.br/cjsg/resultadoSimples. do em 10/04/2009.

12) Tribunal de Justiça de São Paulo – Processo 623.903.5/2

O Município de São Paulo é superficiário de um imóvel cujos concedentes são a Caixa Econômica Federal e o Instituto Nacional do Seguro Social. O Imóvel objeto do Direito Real de Superfície (mesmo imóvel do item 9 supra) fora invadido por particulares.

Diante de tal situação, foi concedida em primeiro grau uma ordem de reintegração de posse em favor do Município que, por ser superficiário, tem a posse direta do imóvel e, por corolário, pode fazer uso dos interditos possessórios. Ressalte-se que neste acórdão, mais uma vez, o Tribunal deixou claro o entendimento de que a ocupação de bens públicos por particulares não gera posse, apenas detenção. Vejamos o acórdão que tutelou a posse do superficiário:

> Tribunal de Justiça de São Paulo
> Processo: 623.903.5/2
> Relator: Aroldo Viotti
> Data de Julgamento: 24/09/07
> ...
> Entende-se que o recurso desmerece solução de acolhimento, cumprindo revogar a liminar antes deferida A agravada, Municipalidade de São Paulo, é titular do direito de superfície (arts 1368 e seguintes do Código Civil de 2002) sobre área de terreno urbano, nesta Capital, objeto das matrículas n°s 59 085, do 4° S RJ da Capital, e 36 173, do 13° S R I da Capital, a teor de escritura pública de concessão de direito de superfície firmada com a Caixa Econômica Federal e com o Instituto Nacional do Seguro Social – INSS (fls 262/264) O MM Juiz deferiu liminar, na ação de reintegração de posse, louvando-se na circunstância da inviabilidade do exercício de posse sobre área pública, como a de que se trata A alegação da agravante vincula-se ao exercício de antiga posse por parte de seus associados sobre a área em questão É em verdade inafastável a premissa de que não há falar em válido exercício de posse sobre área pública, e legalmente afetada a destinação pública, o que – mesmo

nesta esfera de cognição primeira – em que se aprecia cabimento de liminar reintegratória, impõe o restabelecimento da r decisão de primeira instância A documentação acostada, e as manifestações da agravada, deixam claro que se está, realmente, diante de lide cujo objeto é área integrante do patrimônio público Assim *"Posse é o direito reconhecido a quem se comporta como proprietário. Posse e propriedade, portanto, são institutos que caminham juntos, não havendo de ser reconhecer a posse a quem, por proibição legal, não possa ser proprietário ou não possa gozar de qualquer dos poderes inerentes à propriedade. 2. A ocupação de área pública, quando irregular, não pode ser reconhecida como posse, mas como mera detenção."* (STJ, REsp n 556 721-DF, 2a Turma, j 15 09 2005, DJU 03 10.2005, pág 172, Rei a Min ELIANA CALMON) De todo pertinente, neste passo, por amoldável à espécie, reproduzir excerto de decisão monocrática proferida no Superior Tribunal de Justiça pelo saudoso Ministro FRANCIULLI JÚNIOR, em ação cautelar inominada a envolver a mesma área ora em litígio *"Após o acurado exame dos autos, não se constata, de modo inequívoco, que a hipótese vertente cuida de efetivo exercício da posse. Em verdade, é de rigor aferir, no momento processual oportuno, se se trata de posse ou de mera detenção. Não é possível visualizar, por meio do mero juízo de provisoriedade e verossimilhança inerente ao processo cautelar, uma incontroversa identificação dos elementos imprescindíveis ao exercício da posse direta. Em verdade, paira sob a controvérsia uma nebulosa incerteza, a qual induz a acreditar que a presença da requerente era eminentemente tolerada pela proprietária. A rigor, também restam substanciais dúvidas acerca da qualidade da posse exercida a partir da vigência do Código Civil de 2002, uma vez que, a teor do artigo 99, parágrafo único, "não dispondo a lei em contrário, consideram-se dominicais os bens pertencentes às pessoas jurídicas de direito público a que se tenha dado estrutura de direito privado". Dessarte, convém lembrar a lição de Pontes de Miranda, o qual ressalva que, "se o bem dominical não se presta à posse ad usucapionem, também não se presta posse ad interdicta, por ausência, em um e outro caso, do requisito res habilis" (Pontes de Miranda, Francisco Cavalcanti. Tratado de Direito Privado. Tomo X. 4. ed. São Paulo, Revista dos Tribunais, 1974, p.294). Não seria admissível, pois, o exercício da posse com a entrada em vigor do novo Código Civil, porquanto o aludido bem imóvel sofreria uma transfiguração em sua natureza jurídica, por integrar o patrimônio da Caixa Econômica Federal, empresa pública federal constituída sob o regime de direito privado. Com a ressalva do posicionamen-*

to do ilustre Ministro Moreira Alves (Alves, José Carlos Moreira. Posse: estudo dogmático. Vol. II, tomo 1. 2. ed. São Paulo: Forense, 1999, p. 164), que juntamente com Coelho Mota se filia entre os que admitem a posse ad interdicta dos bens dominicais, denota-se que a quaestio júris não corporifica uma manifesta plausibilidade jurídica. Deveras, somente por meio do juízo de certeza conferido pelo processo de conhecimento será suscetível aferir-se-á correta definição dos elementos imprescindíveis ao exercício da posse. A tônica atinente a tantas questões controversas a serem dirimidas não se coaduna com o processo cautelar. Sobreleva advertir, outrossim, que, além dos dois aspectos polêmicos supra referidos, ainda emergiu nos autos uma argüição de exceção de domínio por parte da municipalidade. A par dessas circunstâncias, verifica-se não estar caracterizado o requisito consubstanciado no fumus boni júris, visto que, além de não ser possível afastar, desde logo, a tolerância na ocupação do imóvel, ainda não se permite refutar a impossibilidade de posse ad interdicta de bem dominical." (STJ, Medida Cautelar nº 8 813- SP, D.J 2 09 2004, Rei o Min FRANCIULLI NETTO) Caso é, portanto, de se desacolher o presente recurso, restaurando-se a decisão agravada III. Pelo exposto, negam provimento ao agravo, cassada a liminar recursal.[14]

13) Tribunal de Justiça de São Paulo — Processo 623.097-5/2-00

Trata-se de Mandado de Segurança onde se pretende ter garantido o não pagamento de ITBI (Imposto sobre a Transmissão de Bens Imóveis e de Direitos a eles Relativos) por ocasião da constituição de um Direito Real em Garantia.

O Tribunal denegou a segurança, asseverando que o ato de registro da escritura pública que dá origem à Superfície é o fato gerador do pagamento do ITBI. Assim, muito embora a escritura pública tenha sido lavrada antes da entrada em vigor da Lei Municipal que especifica a ocorrência do fato gerador, o registro da Superfície ocorrerá (ou ocorreu) após a vigência da norma, acarretando o dever tributário. É a decisão:

---

[14] BRASIL. Tribunal de Justiça de São Paulo. Agravo de Instrumento 5067994900. Colhido do site http://esaj.tj.sp.gov.br/cjsg/resultadoSimples.do em 10/04/2009.

Tribunal de Justiça de São Paulo
Processo: 623.903.5/2
Relator: Aroldo Viotti
Data de Julgamento: 24/09/07
...

A deliberação impugnada deve prevalecer. Com efeito, inviável se afigura receber a apelação, em casos como o dos autos, também no efeito suspensivo, que tal equivaleria a restabelecer a eficácia da medida liminar concedida "ab ovo". Afinal, esta só poderia mesmo produzir efeitos até o proferimento de sentença Eis a posição deste tribunal, expressa na ementa do seguinte julgado, relator o eminente Desembargador Rui Stoco "Agravo de instrumento Mandado de Segurança Sentença denegatória da ordem que tornou sem efeito a liminar antes concedida Recurso de apelação recebido no efeito meramente devolutivo Recurso incidental visando obter efeito suspensivo à apelação para que persista a liminar até o reexame da causa Inadmissibilidade Recurso não provido 'Proferida decisão de mérito em mandado de segurança e denegado a ordem com expressa cassação da liminar concedida initio litis, não cabe atribuir efeito suspensivo ou 'efeito ativo' a agravo de instrumento para que, afastada a incidência do comando emergente da decisão de mérito, a liminar tenha projeção futura e ultra-ativa, salvo em hipóteses absolutamente excepcionais de abuso ou de teratologia manifesta'" (agravo de instrumento 114 029-5) Anote-se, ademais, que, na espécie, não se vislumbra "fumus bom iuris", tampouco "periculum in mora" justificadores do recebimento da apelação também no efeito suspensivo O imposto sobre transmissão *Inter Vivos* de bens imóveis incide sobre a transmissão, a qualquer título, por ato oneroso, da propriedade imóvel por natureza ou por acessão física, e de direitos reais, exceto os de garantia, bem como sobre a cessão de direitos a sua aquisição (artigo 156, II, da Magna Carta). O fato gerador do imposto é o registro imobiliário da transmissão da propriedade, não a lavratura da respectiva escritura. Só com o registro é possível a exação. O entendimento aqui esposado conta com o beneplácito do Superior Tribunal de Justiça "AGRAVO REGIMENTAL TRIBUTÁRIO ITBI FATO GERADOR CONTRATO DE PROMESSA DE COMPRA E VENDA RESILIÇÃO CONTRATUAL

NÃO-INCIDÊNCIA A jurisprudência do STJ assentou o entendimento de que o fato gerador do ITBI é o registro imobiliário da transmissão da propriedade do bem imóvel Somente após o registro, incide a exação 2 Não incide o ITBI sobre o registro imobiliário de escritura de resilição de promessa de compra e venda, contrato preliminar que poderá ou não se concretizar em contrato definitivo Agravo regimental desprovido" (agravo regimental no agravo de instrumento 448 245/DF, relator Ministro Luiz Fux) Oportuno citar, sobre a exigência de pagamento de ITBI antes do registro do título translativo da propriedade, o ensinamento de Kiyoshi Harada "( ) Convém ressaltar, que a transmissão da propriedade imobiliária só se opera com o registro do título de transferência no registro de imóveis competente, segundo o art. 1 245 do Código Civil, que assim prescreve *Transfere-se entre vivos a propriedade mediante registro do título translativo no Registro de Imóveis* 'O § Io desse artigo dispõe enfaticamente que *"enquanto não se registrar o título translativo, o alienante continua a ser havido como dono do imóvel"* Portanto, a exigência do imposto antes da lavratura da escritura de compra e venda ou do contrato particular, quando for o caso, como consta da maioria das legislações municipais, é manifestamente inconstitucional Esse pagamento antecipado do imposto não teria amparo no § T do art 150 da CF, que se refere à atribuição ao '*sujeito passivo de obrigação tributária da condição de responsável pelo pagamento de imposto ou contribuição, cujo fato gerador deva ocorrer posteriormente, assegurada a imediata e preferencial restituição da quantia paga, caso não se realize o fato gerador presumido*' "Por isso, o STJ já pacificou sua jurisprudência no sentido de que o ITBI deve incidir apenas sobre transações registradas em cartório, que impliquem efetiva transmissão da propriedade imobiliária (Resp 1066, 253364, 12 546, 264064, 57 641, AGA 448 245, ROMS 10 650) Curvamo-nos à jurisprudência remansosa do STJ, reformulando nosso ponto de vista anterior, quer porque inaplicável o § 7o do art 150 da CF em relação ao ITBI, quer porque o fato gerador desse imposto, eleito pelo art 35, II, do CTN em obediência ao disposto no art 156, II, da CF, é uma situação jurídica, qual seja, a transmissão da propriedade imobiliária " ("Direito Tributário Municipal", segunda edição, São Paulo Atlas, página 100) Bem assentado, pois, que o registro do título translativo da propriedade ou do direito real é condição *sine qua non para que se exija o pagamento* do imposto De cuidadosa análise dos autos se depreende que, apesar de a escritura de aquisição do direito de superfície ter sido lavrada em 20 de dezembro de 2005 (folhas 50/58), o seu registro ainda não se efetuou, como revela a nota de devolução de folhas 59 A seu turno, a Lei Municipal 14 125/05, embasadora da cobrança do tributo nos casos de aquisição de direito real de superfície, entrou em vigor em 29 de dezembro de 2005, data em que publicada Dessume-se, destarte, que o fato gerador do imposto, o registro do título aquisitivo do direito de superfície, ainda não ocorreu e só ocorrerá depois da entrada em vigor da Lei 14 125/05 Não há falar, portanto, em violação dos princípios constitucionais referidos na petição inicial do mandado de segurança.

Posto isso, nega-se provimento ao agravo[15]

14) Tribunal de Justiça de São Paulo – Processo 311.661.4/3-00

Trata-se de Ação de Retificação de Registro Público onde o autor busca a alteração da matrícula imobiliária, tendo como fundamento a possibilidade de se destacar a propriedade das construções em relação ao domínio do solo.

O Tribunal deixando claro que somente após o advento do Direito de Superfície no nosso ordenamento existe essa possibilidade, ou seja, a concretização da hipótese de que o proprietário do solo seja pessoa diversa do proprietário da construção só surgiu no Brasil com o Código Civil de 2002 e o Estatuto da Cidade em 2001. Esta é a decisão:

Tribunal de Justiça de São Paulo

Processo: 311.661.4/3-00

Relator: Francisco Loureiro

Data de Julgamento: 15/12/07

REGISTRO DE IMÓVEIS – Retificação de área – Possibilidade de cumulação dos pedidos de retificação e unificação de matrículas

---

[15] BRASIL. Tribunal de Justiça de São Paulo. Agravo de Instrumento 62390352. Colhido do site http://esaj.tj.sp.gov.br/cjsg/resultadoSimples.do em 10/04/2009.

— *Impugnação rejeitada* — *Negócio jurídico, anterior ao Novo Código Civil, que conveniona que as acessões pertencem ao alienante, produz efeitos meramente obrigacionais e não configuram condomínio* — *Inexistência de questão de alta indagação que impeça a retificação do registro Retificação deferida* — *Recurso improvido*
....

1. O recurso não comporta provimento. O pedido foi formulado no ano de 2.001, muito antes, portanto, do advento da L. 10.931/04, que alterou os artigos 212 a 214 da Lei de Registros Públicos, que, de resto, não mudou a questão de fundo que aqui se debate. Ao contrário do que sustenta o recurso, a autora, na qualidade de titular plena do domínio, tem legitimidade e interesse em promover esta medida de retificação de registros e unificação de matrículas. Basta lembrar que o art. 212 da LRP diz que o prejudicado poderá postular a retificação. Da mesma forma, o artigo 213 da Lei no. 6.015/73, alude ao interessado. Precedente da Corregedoria Geral da Justiça delineou bem os contornos do que se entende por interesse na retificação do registro imobiliário. Há necessidade do requerente demonstrar: "a) qual o benefício concreto que lhe advirá da retificação; b) a necessidade da ação retificatória de registro para obtenção do benefício; c) existência de direito real, ou de direito de crédito (título) passível de se converter em direito real após a retificação" (Processo CG no. 463/97, da Comarca da Capital). Obvio que o proprietário alodial dos imóveis tem interesse em retificar registros lacunosos, adequando-os ao princípio da especialidade. A impugnante não é condômina e nem titular de qualquer direito real sobre os imóveis. Tem apenas direito de crédito sobre as acessões, no momento em que houver alienação dos prédios a terceiros.

2. A impugnação não colhe, pelo singelo motivo de que em nada afeta o direito real, muito menos o desejo de se consertar os registros imperfeitos. A alienação dos prédios foi feita antes do advento do novo Código Civil. Evidente, portanto, que as construções existentes constituíam acessões, vale dizer, modo originário de aquisição da propriedade imóvel, pelo qual ao dono do solo fica pertencendo o que nele acede e não pode ser retirado sem fratura. Até o advento do Código Civil, não havia como seccionar a propriedade do solo da propriedade das construções que sobre ele se erguem. Tal situação somente se tornou pos-

sível com a criação do direito de superfície (arts. 1.369 e seguintes CC), figura que suspende o princípio da acessão e permite a criação de direito real temporário de alguém ser dono das construções ou plantações em terreno alheio. Disso decorre que o direito de usar as acessões, ou de receber o seu preço quando de eventual alienação do imóvel a terceiros, gera efeito meramente obrigacional e não real. Dizendo de outro modo, tal negócio não tem ingresso no registro imobiliário e cria apenas direito de crédito entre as partes. Óbvio, portanto, que a impugnação está calcada em argumento impertinente e irrelevante para a correção do registro imobiliário. O direito a usar ou receber o preço das acessões em nada interfere no registro imobiliário.

3. O art. 213, par. 4o. da Lei no. 6.015/73, antes da reforma de 2.004, dispunha que "se o pedido de retificação for impugnado fundamentadamente, o juiz remeterá o interessado para as vias ordinárias". A questão está em se saber o que quer dizer impugnação fundamentada. De um lado, é certo que a via jurisdicional sempre garante melhor defesa, mas de outro não se pode esquecer que deve ter o juiz postura atenta à mais célere administração da justiça e diminuição de trâmites supérfluos. O que se examina não é a procedência ou improcedência da impugnação, mas sua razoabilidade, que deve ser aferida no caso concreto, em vista de elementos fáticos trazidos aos autos. Não há, portanto impugnação idônea em abstrato, devendo, sempre, existir apreciação da correspondência da defesa com a situação fática evidenciada nos autos. Os dois requisitos — natureza da tese levantada na impugnação e seu fomento fático — somados é que levam a discussão às vias ordinárias. A questão de direito, ainda que intrincada, não é de alta indagação. Somente a questão que dependa de prova de fato estranho ao procedimento retificatório é que deve ser remetida aos meios ordinários. No caso concreto, a absoluta impertinência da matéria em que se fundamenta a impugnação — existência de direitos sobre as acessões — é completamente irrelevante para a correção das medidas de contorno dos imóveis retificandos. Daí porque pode ser de pronto rejeitada, sem maiores indagações.

4. Finalmente, não tem o menor cabimento a tese de que não se cumulam pedidos de retificação e unificação. Nada impede que, perfeitamente descritos os imóveis individu-

almente, já se extraia a conformação da totalidade da gleba. Bastam para a unificação a homogeneidade dominial e a perfeita descrição dos imóveis que comporão o todo. A sentença pode retificar e, ato contínuo, determinar o descerramento de matrícula do todo unificado. Evidente, como bem notou o Dr. Curador de Registros Públicos, que as acessões serão transportadas para a nova matrícula, de modo que não se vê qual prejuízo terá a recorrente. Diante do exposto, pelo meu voto, nego provimento ao recurso. Participaram do julgamento, os Desembargadores Carlos Stroppa (Presidente) e J. G. Jacobina Rabello (Revisor). São Paulo, 15 de dezembro de 2005.[16]

15) Tribunal de Justiça de São Paulo – Processo 357.407-4/1-00

Este acórdão relata uma decisão em sede de Ação de Consignação em Pagamento, onde um dos votos proclamou a existência do Direito Real de Superfície entre o proprietário de um jazigo e o do cemitério.

Declara o desembargador que o proprietário de um jazigo em cemitério é um superficiário por prazo indeterminado, havendo apenas de pagar ao proprietário do solo uma taxa relativa a conservação do jazigo e a administração do cemitério. Vejamos apenas a parte do acórdão que diz respeito ao Direito de Superfície:

> Tribunal de Justiça de São Paulo
> Processo: 357.407-4/1-00
> Relator: Octavio Helene
> Data de Julgamento: 19/04/05
> EMENTA: CONSIGNAÇÃO EM PAGAMENTO – Concessão de serviço público – Taxa anual de conservação e administração – Requisito da recusa injustificada por parte do credor que não veio demonstrado – Extinção do processo,

---

[16] BRASIL. Tribunal de Justiça de São Paulo. Agravo de Instrumento 3116614300. Colhido do site http://esaj.tj.sp.gov.br/cjsg/resultadoSimples.do em 10/04/2009.

DIREITO DE SUPERFÍCIE

sem julgamento do mérito, mantida – Reconvenção – Pretendida rescisão do contrato pela falta de pagamento daquelas taxas – Impossibilidade – Direito real oneroso devidamente quitado – Recurso provido, em parte, tão só para reformar a sentença, julgando-se improcedente a reconvenção – Sucumbência invertida – Extinção da ação principal sem julgamento do mérito, mantida.

"Pago o preço integral da concessão de uso de jazigo, mostra-se inviável a rescisão do contrato pelo não pagamento de taxas periódicas de manutenção e administração, isso porque, por força do pagamento do preço da concessão, fica o concessionário com o direito real de uso por tempo indeterminado da coisa, ressalvado o direito da concedente de promover a cobrança das verbas pela via de ação própria".

...

E que o uso de jazigo é decorrência natural da morte, sendo assim, há que ser considerado perpétuo, isso, como regra. Ao firmar-se um contrato como o constante do processo, o que o adquirente objetiva é ter no futuro uma estabilidade para os restos mortais. Essa situação é peculiar, especial, a exigir da ordem jurídica uma maior segurança de modo a não comportar uma rescisão abrupta e, menos ainda, se satisfeito o preço e a inadimplência recair sobre mera taxa de conservação que poderá vir cobrada pelos meios próprios. A doutrina e nela se inclui o magistério do sempre lembrado L. Cunha Gonçalves, sempre entendeu que essa situação peculiar como o exercício de um direito de superfície que, de modo especial, diz respeito ao próprio direito de propriedade pela intensidade da proteção que deve vir concedida ao superficiário. Assim, a lição desse consagrado civilista: "Em todos os cemitérios públicos (na situação examinada é particular, mas por autorização do Poder Público, a Prefeitura Municipal de Campinas, fl. 06), as Câmaras Municipais concedem a particulares o direito de construir jazigos ou monumentos funerários. E qual é a natureza jurídica do respectivo contrato? É a constituição do direito de superfície; porque o solo continua a pertencer ao Município (no caso, ao Município de Campinas), sem embargo de se pagar imposto (...); mas o jazigo ou monumento é propriedade de quem o mandou erigir; e, embora se diga que é uma propriedade *sui generis*, sujeita a uma certa precariedade pelo lado do Município (no caso, a reconvinte), é certo que o jazigo se transmite aos herdeiros de seu dono etc" ("Tratado de Direito Civil", Coimbra, 1936, v. XI, n° 1.674, pág. 301). Verifica-se, então, nesse contrato, pela sua peculiaridade, regramento de direito privado e público, o que exige redobrado cuidado no estudo de tal situação, até porque, a recorrida-reconvinte no contrato, é verdade, age como particular, mas, indiscutivelmente, está prestando um serviço público. Para arremate. Não fora essa especial situação, observo que a recorrente, reconvinda, adquiriu onerosa e definitivamente o jazigo, inviável a rescisão do contrato, não só por aquelas circunstâncias, mas porque contrato consumado não se rescinde. Muito menos, mostra-se possível à reconvinte voltar à propriedade do jazigo em razão da falta de pagamento de um crédito surgido muito tempo depois de consumado o negócio jurídico. De todo o exposto, pelo meu voto, dava parcial provimento ao recurso, tão só para reformar parte da r. sentença recorrida, julgando improcedente a reconvenção oferecida, com a inversão dos ônus da sucumbência, fica mantida a extinção da ação principiai, sem julgamento do mérito, no que fiquei vencido.[17]

16) Tribunal de Justiça de São Paulo – Processo 180.133-4/6

Este acórdão trata de ação reivindicatória onde se discute, dentre outras argumentações, a legitimidade ativa do enfiteuta. No que concerne ao tema deste trabalho, interessante a assertiva de um desembargador que expressa que o Direito Real de Superfície veio, com o advento do Código Civil de 2002 e com o Estatuto da Cidade, substituir o Direito Real de Enfiteuse. Vejamos parte do acórdão:

Tribunal de Justiça de São Paulo
Processo: 180.133-4/6
Relator: Laerte Nordi
Data de Julgamento: 12/08/03

---

[17] BRASIL. Tribunal de Justiça de São Paulo. Apelação com revisão 3574074100. Colhido do site http://esaj.tj.sp.gov.br/cjsg/resultadoSimples.do em 10/04/2009.

1. A sentença extinguiu o processo sem exame do mérito, porque, em síntese, os autores não exibiram o título de domínio do imóvel demarcando e reivindicando.

2. Essa solução, porém, não pode subsistir, uma vez que os demandantes são enfiteutas, em razão do falecimento de João Antônio Pinheiro. O Código Civil de 1916 contemplava, entre os direitos reais, a *enfiteuse* (art. 674, inc. I). O novo Código Civil, é certo, não mais dispõe a respeito desse direito, que foi, todavia, substituído pelo direito de superfície (arts. 1.369 a 1.377), por sinal também previsto na Lei n. 10.257/2001, chamada de Estatuto da Cidade (arts. 21 a 23). Em que pese a essas novas leis, o presente caso continua a ser regido pelo Código Civil de 1916, porque, embora a nova Lei Civil proíba a constituição de enfiteuses e subenfíteuses (art. 2.038), subordina as existentes, até que sejam extintas, às normas e aos princípios do Código Bevilácqua. Feitas essas anotações, e como os autores são enfiteutas podem demandar a demarcação do bem, como podem reivindicá-lo. Anoto, desde logo, que a *enfiteuse,* embora seja um direito real limitado, é o mais amplo possível, *"contendo em seu bojo a possibilidade de alienação do direito enfitêutico, sua transmissibilidade causa mortis, constituindo-se verdadeiramente em um quase-domínio"* (SILVIO DE SALVO VENOSA, Direito Civil – Vol. 5, Direitos Reais, 3a ed., Atlas, 2003, pág. 379).
...[18]

17) Tribunal da Relação do Porto (Portugal) – Processo 0633760

Neste acórdão português o Tribunal decidiu pela inexistência do Direito Real de Superfície em favor de particular em detrimento do interesse da Nação Lusitana.

No caso, ficou decidido que Portugal não havia transmitido a Superfície ao particular, apenas permitiu a utilização de construção já feita, diferenciando-se, assim, do Direito Real

---

[18] BRASIL. Tribunal de Justiça de São Paulo. Apelação com revisão 18013346. Colhido do site http://esaj.tj.sp.gov.br/cjsg/resultadoSimples.do em 10/04/2009.

de Superfície que tem como requisito a cessão do proprietário do solo para que o superficiário construa ou plante em seu terreno explorando a acessão por determinado tempo.

Esta é a ementa:

> Tribunal da Relação do Porto (Portugal)
> Processo: 0622760
> Relator: Gonçalo Xavier Silvano
> Data de Julgamento: 05/07/06
> I- "Tanto é direito de superfície o direito de construir, efectivar a construção, como o direito sobre a construção existente em terreno alheio.
>
> II-As situações são de natureza diferente, porque o direito de construir ou de plantar em terreno alheio é uma concessão «aedificandum» ou «adplantandum»,feita pelo proprietário do solo- uma autorização que se dá a outrem para construir.
>
> III- O direito sobre construção já existente não é uma concessão para edificar, é um direito sobre uma construção já feita, do tipo de direito de propriedade.
>
> IV- Não obstante o Estado tenha concedido licenças precárias isso não significa, que o Estado tenha transmitido por via contratual o direito de superfície.[19]

18) Tribunal da Relação do Porto (Portugal) – Processo 4266/08

Trata-se de ação que visa declarar a existência de um Direito de Superfície em favor da Autora (posto de abastecimento de veículos), bem como, por consequência, condenar o réu a entregar a autora o estabelecimento comercial e pagar-lhe os prejuízos sofridos em decorrência da indevida utilização do referido estabelecimento.

O Tribunal confirmando a sentença julgou procedentes os pedidos da Autora, asseverando que a propriedade superficiá-

---

[19] PORTUGAL. Tribunal da Relação do Porto. Apelação 062276. Colhido do site http://www.trp.pt/jurisprudenciacivel/civel08_4266.html em 11/04/2009.

ria coexiste com o domínio do solo e, detém, superficiário e concedente, Direito Real de Propriedade e não, como pensam alguns autores, um direito principal e um direito real sobre coisa alheia.

Com este fundamento, ou seja, declarando que o superficiário tem propriedade plena sobre as acessões por ele erigidas, o julgado declarando a existência da Superfície condenou o réu a pagar os prejuízos experimentados pelo autor em decorrência da indevida utilização das acessões pelo réu. Esta é a ementa:

> Tribunal da Relação do Porto (Portugal)
> Processo: 4266/08
> Relator: Henrique Luís de Brito Araújo
> Data de Julgamento: 09/12/08
> O direito do superficiário sobre a coisa implantada é uma verdadeira propriedade, não um simples direito real de gozo de coisa alheia (pertencente ao proprietário do solo), semelhante por exemplo ao usufruto, mas um direito de domínio sobre coisa própria – a propriedade superficiária, distinta da propriedade do dono do chão e paralela a esta -, que incide em conseqüência sobre o espaço aéreo e o subsolo por ela ocupados. [20]

18) Tribunal da Relação de Évora (Portugal) – Processo 2811/06-2

Neste processo o Autor requereu a declaração da existência de um Direito Real de Superfície, bem como, a condenação do Réu (superficiário) a pagar-lhe os prejuízos causados em razão do inadimplemento. Afirma o autor que uma das cláusulas pactuadas no documento de constituição da Super-

---

[20] PORTUGAL. Tribunal da Relação do Porto. Apelação 4266/08. Colhido do site http://www.dgsi.pt/jtrp.nsf/0/c0f8d19233ca2a5f802575380 0530c92?OpenDocument em 11/04/2009

fície determinava que o superficiário (Réu) deveria construir as acessões aprazadas no prazo máximo de 02 anos, todavia, não cumpriu com este pacto.

Em primeira instância o pedido foi julgado improcedente. Alegou o juiz que o Autor agiu com abuso de direito, uma vez que no momento que constatou o inadimplemento do réu deveria ter requerido a reversão, ou seja, pleiteado a extinção do Direito de Superfície e a desocupação do imóvel por parte do superficiário. Todavia, preferiu exigir a indenização justamente no momento que em que o superficiário requereu o alvará de construção.

Reformando a decisão de primeiro grau, o Tribunal julgou procedente os pedidos do Autor, declarando a existência da Superfície e condenando o Réu a pagar a indenização, uma vez que não existiu abuso de direito, nem tampouco, poder-se-ia falar em reversão, haja vista que o concedente sempre teve a posse do imóvel, afinal, o superficiário só poderia ser considerado possuidor caso iniciasse as construções que estava obrigado a erigir. Esta é a ementa:

> Tribunal da Relação de Évora (Portugal)
> Processo: 2811/06-2
> Relator: Eduardo Tenazinha
> Data de Julgamento: 26/04/07
> I – O direito de superfície tem por finalidade a construção e posterior utilização de uma obra em terreno alheio.
> II – Deparamos com abuso de direito quando a conduta da parte que exerce o direito está em intolerável contradição com a sua conduta anterior, na qual, fundadamente, outra parte tenha confiado.[21]

---

[21] PORTUGAL. Tribunal da Relação de Évora. Apelação Cível 2811/062. Colhido do site: http://www.dgsi.pt/jtre.nsf/c3fb530030ea1c61802568d9005cd5bb/ 6e8bb6a659a43ffc8025735400341960?OpenDocument em 11/04/2009.

19) Tribunal da Relação de Lisboa (Portugal) — Processo 7643/2005-8

Esta decisão asseverou que o concedente de um Direito de Superfície pode fazer uso de ação cautelar contra o superficiário com o escopo de ver garantida a desocupação do imóvel no prazo pactuado.

Outrossim, assevera o Tribunal que deverá o superficiário, findo o prazo pactuado, desocupar imediatamente o imóvel, não fazendo jus ao direito de retenção e devendo indenizar o concedente pelos prejuízos suportados pela não desocupação, mormente os lucros cessantes. Esta é a ementa:

> Tribunal da Relação de Lisboa (Portugal)
> Processo: 7643/2005-8
> Relator: Salazar Casanova
> Data de Julgamento: 10/02/05
> I – Justifica-se no âmbito de procedimento cautelar comum a restituição à entidade concedente da estação de serviço que foi entregue em exploração a concessionário provando-se que este estava obrigado a restituí-la imediatamente, findo o contrato, provando-se ainda que aquela entidade perde a possibilidade de auferir elevados lucros da exploração por si ou por outrem com quem venha a contratar. II – O concessionário, que ocupa a estação de serviço recusando-se a entregá-la ao concedente e que assim beneficia dos lucros da exploração que indevidamente vem efectuando, não goza de direito de retenção fundado na eventual indemnização de clientela a que alude o artigo 34º do Decreto-Lei nº 177/86, de 3 de Julho. III- E não goza direito de retenção porque a indemnização de clientela, consistindo efectivamente num crédito resultante da actividade do concessionário (artigo 35º do Decreto-Lei nº 177/86, de 3 de Julho), no entanto só nasce com a extinção do contrato pressupondo que a outra parte beneficie consideravelmente da actividade desenvolvida pelo agente. IV- Um tal benefício não pode ocorrer enquanto o agente (ex-concessionário) inviabilizar, retendo indevidamente a estação de serviço, que a outra parte explore a estação auferindo lucro. V- O requerente da providência pode invocar os prejuízos resultantes do facto de não vender combustível, pois, findo o contrato, deixou de ficar obrigado a efectuar fornecimentos

àquele que foi seu concessionário e que agora ocupa indevidamente a estação de serviço; a causa dessa situação radica na referida actuação ilícita do concessionário.[22]

20) Tribunal Constitucional de España (Espanha) — Processo STC 50/2001

Muito embora o Tribunal Constitucional Espanhol não tenha conhecido do recurso em razão de aspectos formais (o recurso foi interposto prematuramente, semelhantemente ao que no Brasil se chama de não esgotamento das instâncias inferiores), o mérito da questão refere-se a um pedido indenizatório requerido pela rede de restaurantes Burger King onde assevera que é superficiária de um quiosque no município de Málaga e, indevidamente, a administração pública (concedente) impossibilitou a exploração do comércio no tempo pactuado, causando-lhe prejuízos decorrentes de lucros cessantes e da demolição. Estes são os dados da decisão (não existe ementa):

Tribunal Constitucional de España
Processo: Processo STC 50/2001
Relator: don Carles Viver Pi-Sunyer
Data de Julgamento: 26/02/01

21) Sentencia Tribunal Supremo (Espanha) Sala de lo Contencioso-Administrativo, Sección 4ª. Processo 1376/1990.

Trata-se de decisão que analisa um Direito de Superfície firmado pelo prazo de cinquenta anos incidente sobre um centro de compras (shopping center), podendo o superficiário explorar ou vender para terceiros as lojas ali existentes. Findo o prazo, o mercado deveria ser desocupado, devolvendo a propriedade plena ao Poder Público (concedente).

---

[22] PORTUGAL. Tribunal da Relação de Lisboa.
Agravo 7643/2005-8. Colhido do site:
http://www.dgsi.pt/jtrl.nsf/e6e1f17fa82712ff80257583004e3ddc/0f36d10b14ffc5f780257077004b5b70?OpenDocument em 11/04/2009.

DIREITO DE SUPERFÍCIE

O Tribunal admitindo a tese de que o contrato que deu origem ao Direito de Superfície decorreu de desvio de finalidade ou desvio de poder, confirmou a sentença para que se declare a caducidade do direito. Esta é a ementa:

Sentencia Tribunal Supremo (Sala de lo Contencioso-Administrativo, Sección 4ª)
Processo 1376/1990.
Relator: don Eladio Escusol Barra.
Data de Julgamento: 28/03/92
DESVIACION DE PODER: Concepto: doctrina general; Naturaleza: vicio de la causa Del acto administrativo; Doctrina general: proceso lógico para su apreciación; Existencia: subsanación de error consistente en constituir derecho de superficie en lugar de concesión administrativa mediante declaración de caducidad del acto de adjudicación: regímenes jurídicos diferenciados: desviación existente.

BIENES DE LAS ENTIDADES LOCALES: Derechos reales: de carácter administrativo: de carácter civil: derecho de superficie: doctrina general: sobre bienes patrimoniales: régimen jurídico aplicable: causas de extinción específicas: declaración de caducidad de concesión administrativa: desviación de poder: extinción improcedente; Patrimoniales.

CONCESIONES ADMINISTRATIVAS: Caducidad: declaración de: improcedencia.

SUELO Y ORDENACION URBANA: Derecho de superficie: régimen jurídico.

BARCELONA: Sant Andreu de la Barca.[23][24]

---

[23] Tradução livre: Supremo Tribunal (Seção do Contencioso Administrativo Secção 4 Processo 1376/1990. Relator: Sr. Eladio Escusol Barra. Data de julgamento: 28/03/92 Abuso de poder: Assunto: doutrina geral; Natureza: Defeito do ato administrativo; Doutrina geral processo lógico para a sua avaliação; Existência: correção do erro na forma do direito de superfície e não apenas através de concessão administrativa: regimes jurídicos distintos: o desvio existente. PROPRIEDADE DO LOCAL: Direitos Reais: uma administrativa: direito de superfície: doutrina geral: em atos: o regime jurídico aplicável: causas específicas de extinção: perda da concessão administrativa: abuso de poder: termo impróprio; Patrimônio. CONCESSÕES ADMINISTRATIVAS: Termo: declaração: irrelevância. TERRA E GESTÃO URBANA: Área do Direito: direito administrativo. BARCELONA: Sant Andreu de la Barca.

[24] ESPANHA. Tribunal Supremo. Recurso 1376/1990. Colhido do site http://www.diba.cat/otei/fitxers/20070718rj_1992_ponce.pdf em 11/04/2009.

22) Corte di Cassazione (Itália) – Processo 5802

Trata-se de ação de repetição de indébito onde o superficiário pleiteia a devolução de tributos pagos ao município de Gênova em razão da Propriedade Superficiária que fora constituída por 99 (noventa e nove) anos.

O Tribunal julgando improcedente o pedido do autor assevera que o superficiário, mesmo dando função social ao imóvel (construção de casas populares) é sujeito passivo da obrigação tributária de pagar o ICI (Imposto Municipal sobre Imóveis) a semelhança do IPTU no Brasil. Veja excertos da decisão:

Corte di Cassazione
Processo 5802
Relator: Pres. Reale
Data de Julgamento: 12/06/1999
CORTE DI CASSAZIONE
Sez. I, 12 giugno 1999, n. 5802.
Pres. Reale – Est. Graziadei – P.M. Gambardella (conf.) – Amm. Finanze Stato c. Damiani.

Tributi degli enti pubblici locali – Imposta comunale sugli immobili – Costruzione da parte di una cooperativa edilizia di alloggi economici e popolari su terreno comunale concesso in superficie – Pagamento dell'imposta – Soggetto obbligato. ...

In tema di imposta comunale sugli immobili e con riguardo a terreno comunale concesso in superficie a cooperativa edilizia per la costruzione di alloggi economici e popolari, l'edificazione del fabbricato rende applicabile l'Ici a carico della cooperativa stessa o degli assegnatari in veste di proprietari del manufatto che insiste sul suolo o di parti di esso. (C.c., art. 952; c.c., art. 953; D.L.vo 30 dicembre 1992, n. 504, art. 1; D.L.vo 30 dicembre 1992, n. 504, art. 3) . SVOLGIMENTO DEL PROCESSO. (Omissis). – (. . .) Damiani, in relazione all'Ici versata per il 1993 con riguardo ad un appartamento assegnatogli dalla Società cooperativa edilizia Alfa e facente parte di un fabbricato economico e popolare da tale Società realizzato sul terreno concesso in superficie dal Comune di Camogli, ha presentato in sede amministrativa istanza di rimborso, e poi, in via d'impugnazione del silenzio-rifiuto formatosi su tale istanza, l'ha riproposta davanti al Giudice tributario. ...La Commissione regionale ha rilevato che l'azione del contribuente non era preclusa dalla mancata fissazione, con il decreto ministeriale previsto dall'art. 18 del D.L.vo 30 dicembre 1992 n. 504, dei termini e delle modalità per il rimborso delle imposte indebitamente pagate; ha ritenuto fondata la relativa domanda, considerando che detto edificio era stato costruito in forza di diritto di superficie concesso dal comune alla Cooperativa per la durata di novantanove anni (art. 35 della legge 22 ottobre 1971 n. 865), che l'Ici è dovuta non dal superficiario, ma dal concedente (con rivalsa contro il superficiario), e che restava nella specie inapplicabile in ragione della coincidenza del proprietario-concedente con l'ente impositore (artt. 3 secondo comma e 4 primo comma del D.L.vo n. 504 del 1992)...Con il secondo motivo del ricorso si insiste nell'affermare che l'Ici, rispetto a fabbricato di tipo economico-popolare che insista su suolo municipale oggetto di diritto di superficie, è dovuta dall'ente costruttore, e poi dagli assegnatari dei singoli alloggi, nella qualità di proprietari dell'edificio o delle sue porzioni. Il motivo è fondato. L'art. 952 c.c., contemplando la costituzione del diritto di superficie, stabilisce che il proprietario di un fondo può concedere ad altri il diritto di fare e di mantenere al di sopra del suolo una costruzione, acquistandone la proprietà, ovvero può alienare, separatamente dalla proprietà del suolo, la proprietà della costruzione già esistente. Il titolare di diritto di superficie sul terreno è quindi, per espressa definizione normativa, proprietario del fabbricato che abbia realizzato in attuazione della facoltà conferitagli o che sia stato in precedenza edificato; in entrambe le situazioni si determina così una scissione orizzontale dell'assetto dominicale, nel senso che il concedente mantiene la proprietà del suolo ed il superficiario acquista la proprietà dell'opera sovrastante. Tale scissione si verifica anche se la superficie sia a tempo determinato, tenendosi conto che l'art. 953 c.c. considera compatibile con la costituzione del diritto l'apposizione di una scadenza, e stabilisce che il sopraggiungere di essa segna il passaggio della proprietà del fabbricato al proprietario del suolo, muovendo dunque dall'implicita premessa della titolarità del diritto in capo al superficiario fino alla scadenza medesima. In coerenza con dette norme generali vanno intesi gli artt. 1-3 del D.L.vo n. 504 del 1992 (nella formulazione in vigore al tempo dei fatti in discorso), secondo cui l'Ici presuppone il possesso di terreni agricoli, aree fabbricabili e fabbricati, e grava sui proprietari di tali beni (od i titolari di usufrutto, uso, abitazione), ovvero, in caso di superficie (enfiteusi o locazione finanziaria), sui concedenti, con rivalsa verso i superficiari (enfiteuti o locatari). Il collegamento di tali disposizioni evidenzia che la costituzione del diritto di superficie su area edificabile, ma non ancora edificata non incide sull'identificazione dell'area medesima come bene tassabile e del suo proprietario quale soggetto obbligato; l'una e l'altro, con la realizzazione del fabbricato, escono dall'ambito oggettivo e soggettivo del tributo, il quale va invece a gravare sull'edificio e sul proprietario di esso (ancorché non proprietario ma solo superficiario del suolo). Pertanto, con riguardo al terreno comunale concesso in superficie a cooperativa edilizia per la costruzione di alloggi economici e popolari, l'edificazione del fabbricato rende applicabile l'Ici a carico della cooperativa stessa o degli assegnatari in veste di proprietari del manufatto che insiste sul suolo o di parti di esso..."[25]

---

[25] Tradução livre:
Supremo Tribunal Processo 5802 Relator: Pres Reale Julgamento dia: 12/06/1999 TRIBUNAL DE APELAÇÃO Sec. I, 12 junho 1999, n. 5802. Pres Real – East Graziadei – p.m. Gambardella (Conf) – Estado das Finanças Amm c. Damiani.
Tributos do Governo Local – imposto municipal sobre imóveis – a constituição de uma cooperativa para construção de habitações populares em terras concedidas via Direito de Superfície. Em matéria de Imposto Municipal sobre Imóveis e no que diz respeito às terras concedidas para uma cooperativa habitacional construir alojamentos populares. O Imposto (LCI) deve ser suportado pela própria cooperativa ou pelos proprietários, salienta-se que o solo é parte separada da construção (CC, art. 952 cc, art. 953; DLvo 30 dezembro 1992, n. 504, artigo 1. DLvo 30 dezembro 1992, n. 504, art. 3). CONDUÇÃO DO PROCESSO. (Omissis). – (...) Damiani, em relação ao que ocorreu em 1993, no que diz respeito ao projeto da Companhia Alfa e de cooperativas habitacionais como partes de um edifício econômico e popular pela Companhia, realizado no terreno da área concedida pelo Município de Camogli, conforme apresentado no pedido administrativo de restituição e, em seguida, em um recurso de negação. A Comissão Regional constatou que as atividades do contribuinte não foram impedidas pela não-fixação, conforme estabelecido por decreto ministerial. 18 da D.L.vo n° 30 dezembro 1992 Os termos e procedimentos para o reembolso dos impostos pagos em erro foram considerados com base no pedido, por considerar que este edifício foi construído sob locação e a construção concedida pelo município à Cooperativa pelo prazo de noventa e nove anos (art. 35 Lei de 22 de Outubro de 1971 n° 865). É devido não pelo

superficiário o Imposto (LCI), mas pelo franqueador (com regresso contra superficiário), e manteve-se neste caso inaplicável devido à coincidência do proprietário-locador à entidade concedente (artigos 3° e 4 segundo parágrafo primeiro parágrafo do Decreto Legislativo n° 504, de 1992)... O segundo fundamento do recurso é enfatizado que o LCI recai na construção de um edifício econômico. O imposto municipal é devido às pessoas que usam o solo, habitam o edifício ou ao proprietário. O motivo é fundamentado no artigo. 952 do CC, contemplando a criação do edifício, o proprietário pode conceder a terceiros o direito de fazer e manter a construção acima do solo, como comprá-lo ou pode vender separadamente da propriedade do solo. O titular do direito de arrendamento da terra é, pois, por definição expressa, o proprietário do edifício onde foi implantado o direito conferido, ou que tenha sido previamente construído, em ambas as situações é determinada como um condomínio horizontal e dividido entre os condôminos no sentido em que o locador mantém a propriedade da terra e o superficiário pode comprar uma unidade. Esta situação ocorre mesmo se a superfície é fixada pelo prazo de um ano, tendo em conta que o artigo. 953 c.c., separa as obrigações do concedente e do superficiário. De acordo com estas regras gerais devem ser entendidos os arts. 1-3 de D.L.vo n. 504, 1992 (em vigor na época), assim a cobrança da LCI é exigível diante da posse de terrenos, edifícios e áreas, edifícios, e o imposto recai sobre os proprietários de tais bens (ou os titulares de usufruto, uso, habitação) e, no caso da superfície (arrendamento / locação), sobre o concedente, com regresso aos superficiários (enfiteutas, ou inquilinos). A ligação destas disposições demonstra que a criação do direito de construir sobre área objeto da superfície, mas ainda não foi construída, não acarreta nenhuma incidência sobre a mesma matéria, bem como o seu proprietário é responsável pela construção do edifício, emergindo a partir de critérios objetivos e subjetivos do encargo, que é a de ser um fardo para a construção e para o proprietário da mesma (mesmo que não seja proprietário, mas apenas superficiário do solo). Portanto, no que diz respeito aos terrenos concedidos em uma cooperativa habitacional, o espaço para a construção de alojamentos populares e a construção do edifício incide a LCI e deve ser suportados pela própria cooperativa ou atribuída aos proprietários do solo ou de parte dele.

ITÁLIA. Corte de Cassazione. Processo 5802. Colhido do site http:// www.teletributi.it/visualizzazione_dettaglio_normativa.asp?passId_n ormativa=129&passTributo=Imposta%20Comunale%20sugli%20Im mobili&passTipo=Sentenze em 11/04/2009.

Conclusão

O Direito Real de Superfície, indiscutivelmente, se apresenta como um admirável instituto jurídico de cunho político, econômico, social e jurídico.

Político, na medida em que, conforme disposições do Estatuto da Cidade, é instrumento de política urbana, capaz de proporcionar à Administração a melhor utilização dos espaços citadinos, possibilitando que a Pessoa Jurídica de Direito Público Interno induza que o particular dê à sua propriedade uma função comunitária, sem, contudo, afrontar seus interesses privados.

Econômico, pois o Direito de Superfície pode ser a sonhada solução aos proprietários de imóveis não-edificados que suportam enormes ônus em razão da inutilidade, como a tributação elevada ou a perda da posse em razão de invasão por terceiros. Nesta hipótese, como demonstrado no trabalho, se bem celebrado, proporcionará ao proprietário do solo adquirir, após algum tempo, a propriedade de uma edificação sem, contudo, despender qualquer recurso. Ademais, o superficiário, sem um grande investimento inicial com a aquisição do solo, poderá explorar a benfeitoria realizada, auferindo significativo lucro.

Sobretudo, o Direito Real de Superfície possui um caráter social, justamente porque é instituto jurídico com viés político e econômico, capaz de proporcionar grandes avanços, ao induzir maior arrecadação tributária, geração de empregos, organização urbana, produção agrícola, comercial e industrial, enfim, um verdadeiro instrumento de interesse social.

A existência de duas normas regulando o instituto sendo uma eminentemente de Direito Privado (Código Civil) e outra de Direito Público (Estatuto da Cidade), se justifica na medida em que são compatíveis entre si, mormente porque suas disposições devem ser aplicadas em situações diversas, a primeira (Direito Civil) quando Superficiário e Concedente forem pessoas naturais ou de Direito Privado, isto é, quando a Superfície for instituída com escopo de satisfazer interesses particulares. Todavia, no Estatuto da Cidade as normas serão aplicadas na medida em que se constatar a Superfície como instrumento de política urbana, ou seja, com objetivo de satisfazer o interesse público. Nada obsta, porém, que haja um diálogo de fontes, na medida em que a Função Social do Direito de Superfície se faz sempre presente, permitindo, assim, que o intérprete promova uma harmonização de dispositivos de ambas as normas quando no caso concreto se fizer necessário à melhor persecução dos objetivos vislumbrados pelas partes envolvidas.

Outras conclusões podem ser observadas na exposição deste trabalho, como: o instituto tem como origem o Direito Público Romano e seus fundamentos são os mesmos, sofrendo apenas adaptações às realidades atuais, mormente no que concerne a sua utilização por particulares com objetivos meramente privados. Ademais, com a crescente concentração da população nas grandes cidades, o Direito de Superfície passou a ser entendido como um instrumento de política urbana, devendo o Poder Público utilizá-lo como forma de compelir o particular a dar função social à sua propriedade.

Os países estrangeiros, sobretudo os Europeus, utilizam-se de forma mais profícua do Direito de Superfície, justificando-se tal fato pela maior urbanização e em razão de ter sido ali regulamentado o instituto há mais tempo que no Brasil.

De fato, como demonstrado, existem duas principais correntes doutrinárias que se dispõem a explicar a natureza jurídica do instituto, uma tratando-o como Direito Real sobre Coisa Alheia de Fruição e a outra como modalidade de Propriedade. Concluímos que ambas as definições possuem fundamentação teórica e prática que as sustentam e, portanto, tal discussão deve ser travada apenas com um enfoque prático, pois, por vezes o caso concreto nos demonstrará que ocorreu um desmembramento da propriedade entre dois titulares concomitantes (Concedente e Superficiário) e por vezes o exercício dos direitos do superficiário serão claramente coadunados com a atuação de um detentor de direito real sobre coisa alheia.

Outrossim, muito embora o Direito Positivo seja parcialmente omisso em algumas questões, conclui-se que o Direito Real de Superfície pode ser constituído por outras formas não previstas nas leis, bem como, pode ocorrer no Brasil a Superfície por Cisão e por Sobreelevação. Ademais, o Superficiário possui a mesma proteção possessória de qualquer outro possuidor direto, assim como pode fazer uso dos direitos petitórios em harmonia com os do proprietário, no curso do prazo da Superfície. Demonstrou-se também que sobre a Superfície podem incidir outros Direitos Reais como o Usufruto e a Hipoteca, que a existência do Direito de Superfície gera consequências tributárias para as partes envolvidas, bem como, no tocante à Responsabilidade Civil.

Foi exposto, ainda, que as normas (Código Civil e Estatuto da Cidade) trouxeram um rol apenas exemplificativo no que concerne às formas de extinção do Direito de Superfície e que existem vários pontos que o identificam e dissociam de outros institutos.

Por fim, colacionamos algumas decisões judiciais que abordaram o Direito de Superfície, com o intuito de demonstrar ao leitor que, efetivamente, o estudo do tema tem indiscutível finalidade prática, apesar de recente no nosso ordenamento jurídico.

Pelo exposto, a hipótese apresentada, qual seja, que se justifica a existência de ambas as normas (Código Civil e Estatuto da Cidade), bem como existe harmonia no ordenamento, foi demonstrada, além de indiscutível aspecto prático na sociedade atual.

Referências Bibliográficas

ALBADEJO, Manuel. *Derecho Civil*, t. III, v. 2, "*Derecho de bienes*", 8ª. Ed., Bosch, Barcelona, 1994.
ALEXY, Robert. *Teoria da argumentação jurídica*. São Paulo: Landy, 2001.
ALVES, José Carlos Moreira. *Direito Romano*. 11ª. ed.. Rio de Janeiro: Forense, 1998, v. I e II.
AMARAL, Francisco. *Direito Civil: introdução*. 5ª. ed. Rio de Janeiro: Renovar, 2003.
ARDITI, A. B. *El Derecho de Superfície*. Santiago: Editorial Andres Bello, 1972.
ASCENSÃO, José de Oliveira. *A tipicidade dos direitos reais*. Lisboa: Ed. Lisboa, 1968.
ASCENSÃO, José de Oliveira. *O Direito de Superfície Agrícola* in Revista de Direito Civil, Imobiliário, Agrário e Empresarial, n. 4, São Paulo: Editora Revista dos Tribunais, 1978.
BALBI, Giovanni. *Obbligazione Reale*. In *Novissimo Disgesto Italiano*. Turim: Unione Tipografico-Editrice Torinese, 1965, verbete 11.
BARBOSA, Diana Coelho. *Direito de Superfície à luz do Estatuto da Cidade*. Curitiba: Juruá, 2001.
BARCA, Alessandro; MARVASI, Corrado. *La Superficie._*Milano: Giuffrè, 2004.
BEVILÁQUA, Clovis. *Direito das coisas*. 4ª. ed. Rio de Janeiro: Forense, 1956.
BRAGA NETTO, Felipe Peixoto. *Teoria dos ilícitos civis*. Belo Horizonte: Del Rey, 2003.
BITTENCOURT, Frederico. *Direito Real de Superfície*. Revista Forense número 272.
CAPALBO, Angelo. *Transformazione del diritto di superficie in diritto di proprietà*. Camerino: Halley, 2004.

CARVALHO, Afrânio de. *Registro de Imóveis*. 3ª. ed. Rio de Janeiro: Forense, 1982.
CAVALCANTI, Marise Pessoa. *Superfície Compulsória. Instrumento de Efetivação da Função Social da Propriedade*. Rio de Janeiro: Renovar, 2000.
COLIN, Ambroise et CAPITANT, Henri. *Cours Élémentaire de Droit Civil Français*. Tome Premier, 4e. édition, Paris: Librairie Dalloz, 1923.
COSTA, Dilvanir José da. *Sistema de direito civil à luz do novo código*. Belo Horizonte: Del Rey, 2003.
COULANGES, Numa Denis Fustel de. *A Cidade Antiga*. São Paulo: Revista dos Tribunais, 2003.
COUTO E SILVA, Clóvis. *O direito civil brasileiro em perspectiva histórica*. Porto Alegre: AJURIS, 1987. n. 40.
CRETTELA JÚNIOR, José. *Curso de direito romano*. 21ª. ed. Rio de Janeiro: Forense, 1998.
CRUZ, Guilherme Braga da. *O direito de superfície no direito romano*. Coimbra: Coimbra Ed., 1949.
Diez Picazo, Luis y Gullón, Antonio, *Sistema de Derecho Civil*, v. III, *Derecho de Cosas y Derecho Inmobiliario y Registral*, sexta edición. Tecnos, Madrid, 1998.
DINIZ, Maria Helena. *Curso de Direito Civil Brasileiro*. 4º vol. 20ª Ed. São Paulo: Saraiva, 2004.
ENNECERUS, KIPP & WOLFF. *Tratado de derecho civil*. 3. ed., Barcelona: Bosch, 1981.
FACHIN, Luiz Edson. *Comentários ao Código Civil*. São Paulo: Saraiva, 2003. Vol. 15.
FACHIN, Luiz Edson. *A Função Social da posse e a propriedade contemporânea*. Porto Alegre: Fabris, 1987.
FARIAS, Cristiano Chaves de; ROSENVALD, Nelson. *Direitos Reais*. 2ª ed. Rio de Janeiro: Lumem Juris, 2006.
FERRAZ JUNIOR, Tércio Sampaio. *Introdução ao estudo do direito*. 3ª. ed. São Paulo: Atlas, 2001.
FIUZA, César. *Direito Civil: Curso Completo*. 11ª ed. Belo Horizonte: Del Rey, 2008.
FRANCISCO, Caramuru Afonso. *Estatuto da Cidade Comentado*. São Paulo: Juarez de Oliveira, 2001.
GAGLIANO, Pablo Stolze. *Código Civil Comentado*. São Paulo: Atlas, 2004.
GOMES, José Jairo. *Direito Civil – Introdução e Parte Geral*. Belo Horizonte: Del Rey, 2006.

GOMES, Orlando. *Direitos Reais*. 19ª ed. Atualizador Luiz Edson Fachin. Rio de Janeiro: Forense, 2004.
GONÇALVES, Augusto Penha. *Curso de direitos reais*. 2ª. Ed. Lisboa: Universidade Lusíada, 1993.
GONÇALVES, Carlos Roberto. *Direito Civil Brasileiro*. 03ª Ed. São Paulo: Saraiva, 2008.
GRAU, Eros Roberto. *Aspectos jurídicos da noção do solo criado*. In Solo Criado/Carta de Embu, Fundação Prefeito Faria Lima. São Paulo: CEPAM, 1976.
GRAU, Eros Roberto. *Direito Urbano – solo criado, zoneamento e controle ambiental, projeto de lei de desenvolvimento urbano*. São Paulo: Ed. Revista dos Tribunais, 1983.
GUIMARÃES, Luiz Ricardo. *Direito de Superfície e o Instituto da Enfiteuse na Transição Legislativa Brasilieira*. In *Novo Código Civil – Interfaces no Ordenamento Jurídico Brasileiro*. Minas Gerais: Del Rey, 2003.
HEDEMANN, J.W. *Derechos reales*. Madrid: Revista de Derecho Privado, 1956.
HESPANHA, Antonio Manoel. *História das instituições*. Coimbra: Almedina. 1982.
IHERING, Rudolf Von. *Teoria Simplificada da Posse*. Trad. de Pinto de Aguiar. Bauru: Edipro, 1999.
LIMA, Frederico Henrique Viegas de Lima. *O Direito de Superfície como Instrumento de Planificação Urbana*. Rio de Janeiro: Renovar, 2005.
LIRA, Ricardo César Pereira. *O Moderno Direito de Superfície* (Ensaio de uma Teoria Geral). Separata do Vol. 35 da Revista de Direito da Procuradoria Geral do Estado do Rio de Janeiro, 1979.
LIRA, Ricardo César Pereira. *O direito de superfície e o novo Código Civil*. In *Aspectos controvertidos do novo Código Civil: escritos em homenagem ao Ministro Moreira Alves*. São Paulo: Revista dos Tribunais, 2003.
LIRA, Ricardo César Pereira. *Elementos de direito urbanístico*. Rio de Janeiro: Renovar, 1997.
LIMA, Frederico Henrique Viegas de. *O direito de superfície como instrumento de planificação urbana*. Rio de Janeiro, São Paulo, Recife: Renovar, 2005
LORENZETTI, Ricardo Luis. *Fundamentos de direito privado*. São Paulo: RT, 1998.
LOUREIRO, Francisco Eduardo. *A Propriedade como Relação Jurídica Complexa*. Rio de Janeiro: Renovar, 2003.
LOS MOZOS, José Luis de. *Estudios sobre derecho de los bienes*. Madrid: Editorial Montecorvo, 1991.

LUCCI, A. *Del diritto di superficie – Della proprietà del sottosuolo, in* "Il Diritto Civile Italiano secondo la dottrina e la giurisprudenza". Turim: Unione Tipografico – Editrice Torinese, 1925. Parte 6ª. vol. III.
OLIVEIRA, Aluísio Pires de Oliveira. CARVALHO, Paulo Cesar Pires. *Estatuto da Cidade*. Curitiba: Juruá, 2001.
OLIVEIRA, Gleydson K. Lopes de. *Ações Possessórias*. São Paulo, Juarez de Oliveira, 2001.
PEREIRA, Caio Mário da Silva. *Instituições de Direito Civil*. 18ª Ed. Rio de Janeiro: Forense, 2004.
PERLINGIERI, Pietro. *Perfis do Direito Civil*. Rio de Janeiro: Renovar, 1999.
PONTES DE MIRANDA, Francisco Cavalcanti. *Fontes e evolução do direito civil brasileiro*. 2ª ed. Rio de Janeiro: Forense, 1981.
PONTES DE MIRANDA, Francisco Cavalcanti. *Tratado de Direito Privado*. Atualizado por Vilson Rodrigues Alves. Campinas: Bookseller, 2002.
REALE, Miguel. *Filosofia do Direito*. São Paulo: Saraiva, 17 ed., 1996.
REALE, Miguel. *O Projeto do Novo Código Civil*. 2ª. ed. São Paulo: Saraiva, 1999.
REZENDE, Elcio Nacur. *Condomínio em Edifícios*. Belo Horizonte: Del Rey, 2004.
RIZZARDO, Arnaldo. *Direito das Coisas*. 2ª Ed. Rio de Janeiro: Forense, 2006.
SAN TIAGO DANTAS, Francisco Clementino. *Programa de direito civil*. 2ª. ed. Rio de Janeiro: Ed. Rio, 1981. Vol 3.
SOUZA, Adriano Stanley Rocha. *Direito das Coisas*. Coleção de Direito Civil. Belo Horizonte: Del Rey, 2009.
TEPEDINO, Gustavo. Et.al. *Problemas de direito civil constitucional*. Rio de Janeiro: Renovar, 2000.
VAN CAENEGEM, R.C. *Uma introdução histórica ao direito privado*. São Paulo: Martins Fontes, 2000.
VENOSA, Silvio de Salvo. *Direito Civil*. 07ª Ed. São Paulo: Atlas, 2007.
VIANA. Marco Aurélio S.. *Curso de Direito Civil: Direito das Coisas, arts. 1225 a 1509*. Rio de Janeiro: Forense, 2006.
WOLFF, Martín. Tratado de Derecho Civil. *Derecho de Cosas*. Tomo III, Vol. 2°, 3ª ed., traducción espanõla con anotaciones de Blas Pérez González y José Alguer, Barcelona: Casa Editorial Bosch, 1971.
WOLKMER, Antônio Carlos. *Pluralismo Jurídico: fundamentos de uma nova cultura no Direito*. 3 ed. São Paulo: Alfa Omega, 2001.

Referências de Decisões Judiciais

BRASIL. Tribunal de Justiça de Minas Gerais. Apelação Cível 2.0000.00.517539-7/000.

BRASIL. Tribunal de Justiça do Rio Grande do Sul. Recurso Cível 71000548511.

BRASIL. Tribunal de Justiça de Minas Gerais. Apelação Cível 1.0686.04.094573-1/002.

BRASIL. Tribunal de Justiça de Minas Gerais. Embargos de Declaração 1.0704.01.000988-1/002.

BRASIL. Tribunal de Justiça de São Paulo. Agravo de Instrumento 7780745400.

BRASIL. Tribunal de Justiça de São Paulo. Agravo de Instrumento 7780735000.

BRASIL. Tribunal de Justiça de São Paulo. Apelação com revisão 3845545800.

BRASIL. Tribunal de Justiça de São Paulo. Apelação com revisão 5067994900.

BRASIL. Tribunal de Justiça de São Paulo. Embargos de Declaração 5067994900.

BRASIL. Tribunal de Justiça de São Paulo. Agravo de Instrumento 5067994900.

BRASIL. Tribunal de Justiça de São Paulo. Agravo de Instrumento 62390352.

BRASIL. Tribunal de Justiça de São Paulo. Agravo de Instrumento 3116614300.

BRASIL. Tribunal de Justiça de São Paulo. Apelação com revisão 3574074100.

BRASIL. Tribunal de Justiça de São Paulo. Apelação com revisão18013346.

PORTUGAL. Tribunal da Relação do Porto. Apelação 062276.

PORTUGAL. Tribunal da Relação do Porto. Apelação 4266/08.

PORTUGAL. Tribunal da Relação de Évora. Apelação Cível 2811/062.

PORTUGAL. Tribunal da Relação de Lisboa. Agravo 7643/2005-8.

ESPANHA. Tribunal Supremo. Recurso 1376/1990.

ITÁLIA. Corte de Cassazione. Processo 5802.

Modelo

ESCRITURA PÚBLICA DE CONSTITUIÇÃO DE DIREITO DE SUPERFÍCIE QUE FAZEM XXX (CONCEDENTE) E YYY (SUPERFÍCIÁRIO), NA FORMA ABAIXO:

SAIBAM quantos este instrumento público de escritura virem que, ao(s) --- dia(s) do mês de ----- do ano de ---- (-------------), do nascimento do Nosso Senhor Jesus Cristo, nesta Cidade de --- no Estado de Minas Gerais, no Tabelionato do 1º Ofício de Notas, compareceram partes entre si justas e contratadas, a saber: OUTORGANTE CONCEDENTE: **XXX**, brasileiro, comerciante, solteiro, maior, portador da Carteira de Identidade nº -----, CPF nº ----, residente e domiciliado na Rua ---, Bairro ---, CEP ----, ---, ---, OUTORGADO SUPERFICIÁRIO: **YYY**, brasileiro, comerciante, casado com ---, sob o regime de comunhão universal de bens, portador da Carteira de Identidade nº --- CPF nº ---, residente(s) e domiciliado(s-as) na (em) Rua ---, Bairro ---, ---, ---.

O CONCEDENTE que se identificou ser o proprietário do imóvel abaixo descrito, conforme documentação apresentada, do que dou fé.

Então, pelas partes me foi dito o seguinte: Pela presente escritura e na melhor forma de direito, o OUTORGANTE CONCEDENTE transfere a posse direta do imóvel abaixo descrito pelo prazo de 30 (trinta) anos, como de fato e na verdade nos exatos termos dos artigos 1369 a 1377 do Código Civil ao SUPERFICIÁRIO.

DOS DEVERES DO SUPERFICIÁRIO: O superficiário por este ato e na melhor forma de direito, obriga-se a:

a) Construir nos termos do memorial descritivo anexo, as obras ali especificadas, no prazo máximo de um ano, observando rigorosamente os termos do documento anexo e da legislação em vigor;

b) Zelar pela construção erigida;

c) Pagar ao concedente o valor anual de R$ ----- (-------- reais) reajustado anualmente, pelo INPC;

d) Pagar o IPTU e todas as taxas incidentes sobre o imóvel objeto desta escritura;

e) Utilizar o imóvel apenas para fins residenciais, podendo, inclusive locá-lo, desde que no dia da extinção desta Superfície devolva ao concedente completamente desocupado;

f) Permitir que o concedente vistorie o imóvel sempre que desejar, mediante prévio aviso de 05 (cinco) dias;

g) Devolver o imóvel ao concedente, completamente desocupado, rigorosamente em 30 (trinta) anos, com todas as acessões e benfeitorias erigidas.

DOS DEVERES DO CONCEDENTE:

a) Ceder por 30 (trinta) anos a posse do imóvel ao superficiário, sem turbar ou esbulhar a sua posse durante este prazo;

b) Receber, findo o prazo, o imóvel com todas as acessões e benfeitorias erigidas pelo superficiário, nos termos do memorial descritivo anexo;

OBJETO – lote de nº 12 (doze) da quadra nº 02 (dois), do BAIRRO CENTRO, nesta cidade de ------, com área de ----- m2, dentro das seguintes confrontações: ---m de frente para à Avenida --------------; --m nos fundos com ------; ---m do lado direito com ---, e --m do lado esquerdo com o lote --- da quadra --, com área, limites e confrontações de acordo com a planta respectiva aprovada através do Decreto Municipal no. 19.053; **PROCEDÊNCIA** – Havido pelo R.2 da matrícula no. ---- do CRI desta Comarca;

DISPONIBILIDADE – Que o(s) objeto(s) ora transmitido(s) está(ão) livre(s) de ônus reais, fiscais e extrajudiciais.

PREÇO – O concedente receberá como retribuição pela cessão de posse, as construções erigidas pelo superficiário nos termos do memorial descritivo anexo, bem como o valor mensal de R$ ------ (------- reais) mensais, atualizados anualmente pelo INPC;

TRANSMISSÃO – Que destarte, ele CONCEDENTE, se obriga pela transferência da POSSE DIRETA do objeto descrito ao nomeado SUPERFICIÁRIO bem como, o direito e ação que exercia sobre o bem ora vendido, por força desta escritura e do disposto nos artigos 1369 a 1377 do Código Civil Brasileiro para que dele mesmo SUPERFICIÁRIO use, goze e disponha (com observância do direito de preferência previsto no artigo 1373 do Código Civil) como seu que fica sendo de hoje em diante pelo prazo de 30 (trinta) anos. Foram arquivadas as certidões : ---. Foram emitidas as Declarações sobre Operações Imobiliárias (DOI) – Federal e Estadual. **Imóvel devidamente identificado pela Prefeitura Municipal de ---, sob o número ---.** Assim o disseram do que dou fé, e me pediram este instrumento, que lhes lavrei nas minhas notas, lendo-o às partes e tendo achado conforme, outorgouaram e assinaram, dispensada a presença de testemunhas com base na Lei Federal nº 6.952 de 06/11/1981, do que dou fé. Eu, _____

_____, ESCREVENTE AUTORIZADO a digitei. Eu, _____
_____, ESCREVENTE AUTORIZADO a subscrevo e assino. Emolumentos R$---, Fundo de Compensação/ Recivil R$---, Taxa de Fiscalização Judiciária R$---. Valor final ao usuário R$ ---.

_____
XXX (concedente)

_____
YYY (superficiário)

_____
Tabelião